# グループアプローチ特論

## ――出会いと自己の成長

GROUP APPROACH

安部恒久

Abe Tsunehisa

花書院

# はじめに

本書は、「エンカウンターグループ――仲間関係のファシリテーション」（九州大学出版会　２００６）、「グループアプローチ入門」（誠信書房　２０１０）を受けてのグループアプローチに関する私の第３冊目の著書（単著）である。

鹿児島大学大学院および福岡女学院大学大学院に勤務していた頃に執筆した論文を、「グループアプローチ特論――出会いと自己の成長」として、主にスケープゴートに焦点を当てて、一書に編んだものである。

各章を簡単にみてみよう。

第1章は、「10歳の壁」という言葉に刺激を受けて、私はどのように10歳の壁（スケープゴート状況）を乗り越えたのかを、エピソードを中心に振り返っている。学校になじめかった私が、教師との出会いをとおして、学校とは何かを少しずつ理解し、学校になじんでいく自己成長のプロセスである。私のグループ原体験といってもよいかもしれない。

スクールカウンセラーなどの職種がまだ無い頃の話であり、ここで紹介する先生との出会いがなければ、私の人生はきっと違ったものになっていただろう。

意外というか、当たり前というか、ここで述べた教師と生徒との関わりには、スクールカウンセラーなど、児童・生徒にプロとして関わる職種の専門性を考えるヒントがありそうである。

第2章は、高校から大学（大学院）までの私を"this is me"（これが私です）としてグループアプローチとの関わりを中心に語ったものである。私が自分らしさを最も感じることができる居場所はどこなのか？居場所を求めて、高校での瞑想（呼吸）法、大学での肢体不自由児との動作法（集団療法）、大学院でのグループ体験など、自分探しの経験を語っている。

なお、第1章、第2章は、最近の著作であるが、私を少しでも知っていただいてから、第3章以降を読み進んでいただくほうが理解しやすくなるのではないかと思い、冒頭に配置している。

以下の第3章、第4章、第5章は、前著「グループアプローチ入門」を受けてのアドバンス（上級）編となっている。第1章、第2章に比べると、読みづらいかもしれない。できれば、前著「グループアプローチ入門」（誠信書房　2010）を身近に置いていただき、参照しながら読み進めていただくと理解しやすいのではないかと思う。

前著『グループアプローチ入門』（第10章）は、以下に示す「ファシリテーターの8原則」で終わっている。

**〈ファシリテーターのための8原則〉**

原則1　全員に発言の機会を提供する

原則2　軽い話題から入る

原則3　不安と期待の両方を取り上げる

原則4　プロセスをつくる
原則5　つなぐことを試みる
原則6　少数派に配慮する
原則7　体験を共有する
原則8　終わりは終わりとして終わる

現場で奮闘している皆さんに話をきくと、これらの8原則のなかにポイント（留意点）として示されている〈見出し項目〉を、実際のグループアプローチを実施する前後に確認して活用しているとのことである。たとえば、原則1には、以下のようなポイントが留意点として示されている。

◎「原則1　全員に発言の機会を提供する」
・発言しないで黙っていることも選択できる
・ひと言も発言しないメンバー（参加者）への配慮
・沈黙への介入
・全員の発言時間を確保できそうにない場合
・途中から参加するメンバーへの配慮
・ファシリテーター（司会）もメンバーのひとりである

これらの〈見出し項目〉を、関係者が集まったカンファレンスのときなどに、検討しており、原則1の場合は「発言しないで黙っていることも選択できる」というのが、実際の場面ではスタッフに意外と難しいとの感想であった。

子育ての会や医療領域でのデイケアや放課後等デイサービスなどで、リーダーを担当している人々からの相談が、最近、多くなって来ている印象である。そのような相談が本書を著す動機のひとつになっている。

第3章および第4章は、「原則6　少数派に配慮する」を発展させたものである。原則6のポイント（留意点）では「スケープゴートの発生」をすでに指摘しており、「味方になること」、「冒険すること」、「ファシリテーターが多数派に与しないために？」を挙げている。

第3章は、どのように「スケープゴート」に対処しうるかを、「グループ構造」と「グループプロセス」に着目し論じたものである。心理的成長を目指すグループであれ、治療的グループであれ、グループに共通した現象としてのスケープゴートに対する対応を、グループ事例を通して示している。

また、第4章は、「スケープゴート」は、予防するべきものという意味だけに限定してしまうのではなく、むしろ「自己実現」という文脈において捉えようと試みたものである。スケープゴートという現象を理解するにあたって、スケープゴートか自己実現かといった2者択一の捉え方ではなく、自己進展プロセスの契機として捉えてみてはどうか、というのが私のメッセージである。

第5章は、原則4の「プロセスをつくる」をスケープゴート論の観点から、いわば深掘りしたものである。原則4のポイント（見出し項目）は、「『仲間体験』と『仲間関係』のプロセスをつくる」、「ファシリテーターはポジティブな（肯定的な）プロセスの代表者である」「グループは凝集性を高めるプロセスで、異質なものを排除しやすい」「プログラムされたものでプロセスをつくる」である。

スケープゴート体験を自己進展プロセスへと促進するための工夫として、新しく「円環的フェイズ論」を導入し提示することを試みた。そして、この円環的フェイズ論を手がかりとして、ファシリテーター（セラピスト）のスケープゴートに対する働きかけを、「フェイズ移行期の促進（ファシリテーション）」に焦点を当てて検討を行った。ファシリテーター（セラピスト）は、どのような働きかけが可能なのかを、図表を援用しながら、4つのフェイズそれぞれのファシリテーターの対応を明確にした。

第6章は、グループアプローチそのものというよりも、個人療法とグループアプローチとの関係、とくにロジャーズ（Rogers, C.R.）の中核三条件である「一致」、「無条件の積極的関心（受容）」「共感的理解」との関連に言及したものである。

グループアプローチにおけるリーダー（ファシリテーター、セラピスト）には、通常の個人療法におけるセラピストと同様に、中核の三条件を保持し発揮することが求められる。しかしながら、それだけでは十分ではなく、中核の三条件に加えて、リーダーであるファシリテーターおよびセラピストには「共に居ること」「味方になること」「つなぐこと」などの独自の態度が必要であることを指摘した。

# グループアプローチ特論

## 目 次

# 第1章
# 出会いと自己の成長

## 1　はじめに　10歳の壁

私自身の、主に小学校・中学校時代のエピソードを紹介し、とくに小学校4年生のときの真鍋先生との出会い体験をふりかえり、児童期の自己の成長を考えたいと思います。

最近の臨床の場面では、10歳の壁（カベ）という言葉が使われます。どうやら、10歳前後に成長のひとつの節目があるようなのです。

そのことを、私自身の当事者体験を素材として考えてみることによって、成長を支援するためのヒントを得ることができればと思います。

以下に紹介する私のエピソードは、まだ教育現場に心理の専門家がいなかった1950年代後半から1960年代前半の話です。もちろん、スクールカウンセラーも配置されていない頃の話です。

ちなみに、臨床心理士の資格が認定され始めたのは1988年、そして、学校現場にスクールカウンセラーが登場するのは、1995年の阪神淡路大震災以降ですので、ずっと後のことになります。

# 2　教室に居ることが困難な私

## エピソード①　答案用紙に五重丸（花丸）ほめられる嬉しさ体験

私は教室に居ることが難しく、いつも教室から飛び出してばかりいる子どもでした。

私としては、なんと退屈なところに、私の親は私を預けたものだという理解でした。というのも、入学前に、お寺の保育所？に通っていたのですが、それは、親が共働きで忙しいからでした。したがって、小学校というものも、親が忙しいから預けたところだというのが私の理解でした。

小学校入学前に通っていたお寺の保育所では、いつも悪さをしては、鉄の扉の暗い納骨堂に閉じ込められ、園長を兼ねた住職に、本堂の御本尊の前で説教をくらうのが、私の日常でした。いわゆる、落ち着きのない多動な子どもでした。

そんな私でしたので、小学校というのは、なんと面白くないところか。

そのさいたるものが「勉強」です。机や椅子に、じっとしておかなくてはなりません。その退屈さに、私は、たまらず教室の窓から、ひんぱんに逃げ出していました。逃げ出した私を、級長のハヤミくんと副級長のかおるちゃんが、「アべくん、もどっといで～」と追いかける繰り返しでした。

私が通っていた小学校には、いわゆる学校の塀や壁といったものはなく、広々とした田んぼのなかに、ぽつんと校舎があるだけでした。したがって、追いかけるといっても、相当な距離の「鬼ごっこ」というか「逃走劇」でした。

繰り返しになりますが、私にとって、学校というものは、まったく退屈で、面白くないところでした。私の親も、よりによって、どうして、こんなところに私を預けたのだろうといつも不満でいっぱいでした。

おもしろくないことの代表が、当然のことながら「勉強」でした。

なぜか、教科書というものがあり、文字というものを覚え、なによりも、先生の話をちゃんと聞かなくてはならないのです。あ〜あ、なんと退屈なことか。

しかも、その当時でさえも、当たり前のことですが「テスト（試験）」がありました。これが、意味がわからない。テスト（試験）？、何なんだ？という感じでした。

私は試験の時間になると、自分の名前のところだけを、時間をかけて「漢字」で記入していました。というのも、小学生にもなって自分の名前も書けないのは、情けないということで、母の命令で、姉が私を猛特訓して、漢字で自分の名前を書けるように教えてくれたのです。

私の1年生、2年生のときの唯一の救いは、私が書いたこの名前に、担任の先生が、いつも五重の花丸をつけてくれたことです。このことは、私には、たまらなく嬉しい体験でした。大喜びで、その答案を毎回、自宅に持ち帰ったものです。もちろん、家族は困惑顔でした。

今振り返っても、五重の花丸をくれた担任の先生には感謝しかありません。おかげで、なんとか、小学校1年生、2年生を通過することが出来ました。

大きな支えでなくとも、小さな支えが自己の力になりうるということだと思います。

## 3　教室から飛び出す先生

### エピソード②　用務員室に閉じこもる先生
### 担任の先生と和解ならず　弧立感を強める体験

小学校3年生になって、担任の先生が変わりました。

結果として、残念ながら、3年生の担任の先生には、ご迷惑のかけっぱなしでした。

教室を飛び出す私に、どのように接してよいか分からずに、多くの場合、先生のほうが先に教室を飛び出すことになってしまいました。

対応に困った先生は、泣きながら、大きな音をたてて教室から走り去り、廊下の突き当りにある用務員室に駆け込むのでした。

その騒ぎを知った隣の教室の先生が、級長と副級長に、私を連れて、用務員室に先生を迎えに行くように命じました。私はふたりに連れられて用務員室の前で、なんとか教室にもどってきてくれるように先生に謝罪しました。謝罪といっても、私は謝罪の仕方がわからない子どもでした。級長と副級長に、頭を押さえつけられながら、やっと謝罪をしました。幸いにというか、級長と副級長は、さすがに、どのように謝ったら、先生が教室に戻ってきてくれるかをわかっていました。

「アべくんは反省しています。先生、教室にもどってきてください」と、幾度か謝罪を繰り返していると、先生が、ドアを少しずつ開け、泣きながら出てきてくれました。ただ、このとき、私の記憶に、嫌な印象として残っているのは、先生が出てきて、私の手ではなく、いきなり、級長と副級長の手を握り締めて、教室に戻って行ったことです。私は取り残されてしまい、3人の後ろをトボトボと教室に戻りました。子どもながらに、先生は私を許してくれていないのだと感じ、やりきれない気分でした。
この３年生の担任の先生とは、１年間の担任期間中、和解は、ありませんでした。
今は、先生にご迷惑をおかけしたことをお詫びし、ただ恥じ入るばかりです。

## ４　真鍋先生との出会い「学校」がわかり始める

### （１）エピソード③　運動の得意な私「跳び箱」競争に熱中
### ソフトボールチームの投手に起用される体験

小学校４年生の私は運動が得意でした。悪ガキですので、誰よりも足が速く、動作が俊敏でした。担任の真鍋先生はそこに目をつけてくれました。体育の時間に跳び箱を使って、どれだけの段数を飛び越えることができるか、あるいは踏み台をどのくらい離して飛ぶことができるかに私は夢中になりました。日曜日も学校に出かけては、跳び箱を道具室から出して競い合いました。

机についている座学と違い、身体を動かすことであれば、私にとっては、苦痛ではありませんでした。常日頃、雑木林のなかを駆け巡り、木から木に飛び移って遊んでいる私ですから、私は誰よりも、高い段の跳び箱を飛ぶことが出来ました。自分の自慢できることを見つけたのです。

そして次に、真鍋先生は、私をクラスのソフトボールチームのメンバーに選んでくれました。いくつかのポジションを試すことなく、最初から投手でした。投手は個性の強いポジションです。おそらく、真鍋先生は、私が務まるのは投手だと見抜いていたのでしょう。わたしは球が速いだけでなく、コントロールがよかったのです。山野に原生している木の実などを採る場合に、石などを当てて落としていましたので、キャッチャーのミットをめがけて投げるくらいは、なんともなかったのです。

ただ、最初からチームに正選手として起用されたわけではありません。しばらくは、いわゆる補欠組ということで球拾いを命じられていました。最初から私がチームに入るのは、チームのみんなが嫌がると察し、私にも負担だろうと考えてのことでしょう。補欠として過ごす猶予期間を設けて、私やみんなの様子をみていたのだと思います。

あるとき、いつもどおり補欠として球拾いをしていると、補欠組のところに、真鍋先生がやってきて「アベ、ピッチャー、やってみないか」と声をかけてくれたのです。私は自分が選ばれるとは、予期していませんでしたので、とても驚きました。今でも、真鍋先生が私に近寄ってきて、言葉を発したときの光景を覚えています。

その後、私は、ソフトボールの活動のなかで「やはりピッチャーはアベだな」とみんなから推薦されるぐらいに、自分の存在感を高めることが出来ました。

真鍋先生が私の運動の得意さに着目してくれたのは、本当にラッキーでした。机だけにしがみついている苦痛から開放され、身体を動かす楽しみを発見することができたからです。そうか、ここ（学校）では、こんなことをすることも許されるのだと、私は発見したのでした。

### （2）エピソード④　赤い髪の人物画
### 先生が自分の味方になってくれた体験

真鍋先生を思い起こすときに、忘れられないのが、この赤い髪のエピソードです。

美術の時間でした。人物画を描くことになり、素描というか下書きを仕上げました。自分でも、けっこう上手に出来ました。まわりの同級生もほめてくれ、休み時間には、隣の教室からも見学者が現れ、ほめてくれました。

ところが、下書きを終わり、いざ色塗りの時間になり、私が髪を黒ではなく、赤を使って色塗りを始めたとたんに、まわりの見る目が一転しました。「あ～あ～、やっぱり、アベはバカだ」といった、私をバカ扱いする雰囲気に包まれてしまったのです。私は居たたまれない気持ちになりました。

さらに、その絵を見ていたひとりが、「ねえ、先生、おかしいよね、赤なんて。髪は黒でしょう？」と真鍋先生に同意を求めたのです。

私はドキリとし、萎縮してしまいました。ところが、真鍋先生は、「いいや、おかしくない。ほら、みんな、外国のひとたちを思い出してごらん。赤い髪のひとが居るだろう。アベは外国のひとを描いているのだと思うよ」と、私の味方になってくれたのです。

このとき、真鍋先生が他のみんなに同調して、「アベ、どうして、黒で描かんのか。髪は黒だろう」と私を問い詰め、無理を強いていたら、私は美術を嫌いになるだけでなく、教室（学校）での居場所を失っていたでしょう。

私は真鍋先生の一言に救われただけでなく、自分の味方になってくれる人に出会ったのです。

## (3) エピソード⑤　初めての徹夜勉強
## 先生からごほうびをもらう体験

なんとか教室に居る事が出来るようになった私ですが、いわゆる勉強は出来ませんでした。なにしろ、字の読み書きが出来ないのです。

このことに、真鍋先生は担任になって、すぐに気づいたはずです。でも、私に字を覚えることを、すぐに強要はしませんでした。このあたり、今思えば、真鍋先生の素晴らしいところだなと感心します。

私が字を覚え始めたのは、4年生も3学期になってからのことでした。寒い2月の頃でした。その頃、毎日、漢字の書き取りが宿題として課されていました。あるとき、私は1週間分の宿題を1日分と勘違いしてしまい、いくらやっても終わらず、ついに徹夜となってしまいました。私には、初めての徹夜体験でした。親は、私が寝ないで勉強していることに、何か悪巧みでもしているのではないか、と心配になり、ときどき様子を見にきます。気が気ではなかったのでしょう。時々、起きてきては、「早く寝ろ」と言い放って、また寝るという具合でした。

徹夜の宿題を終えたときは、自分でもやることが出来たと、それまでにない大きな達成感を味わいました。また、真鍋先生から、よくやったぞと褒められ、ごほうびのノートをもらうことが出来たときは、真鍋先生の期待に応えることが出来たという爽快さを体験しました。

そして、このとき、ああそうか、ここ学校では、こんなことをするとよいのかもしれない。こんなふうに居ることを求められているかもしれないと勉強への手がかりを得ることが出来たのでした。

小学校入学以来の長い道のりでしたが、やっと学校（教室）のなかに居るすべを、序の口ではありますが、私は体得することが出来たのです。

この4年生を振り返ってみて、私は、まずは運動で自信をつけ、また赤い髪のエピソードなどで、真鍋先生との関係性ができ、その後に、字を覚え始めたのです。4年生になり、真鍋先生が、すぐに字を教えようとすれば、私が嫌がり、反発するのを真鍋先生は見抜いていたのかもしれません。

## 5　仲間の獲得　受け入れられる体験

### エピソード⑥　「ごめん」と謝る
### 仲間に受け入れられる体験

小学校5年生からは、担任が変わりました。女性の優しく穏やかな先生でした。とてもモダンで、その頃には珍しいショートケーキを、自宅に招かれて、ごちそうになった記憶があります。

私はと言えば、5年生になって悪ガキが収まったかといえば、完全にとは言えず、職員室の天井に潜り込んでは叱られたり、3年生に落第？（1学期間）したりなど、懲りません。それでも、なんとか小学校を卒業して、中学校へ入学しました。

中学校では、小学校に入学したときのような学校に対する強い戸惑いはありませんでした。中学校では、陸上部に入りました。走ることが得意な私には、うってつけのお似合いの部活でした。

中体連などの競技大会で、田舎から電車に乗り、福岡城跡地にある平和台競技場など、街の中心部に、ある意味、合法的に出かける機会も多くなり、私の世界が広がり始めました。

そんななかで、忘れられないのが、社会科見学での迷子体験（中学1年生）です。

鉄鋼の街、八幡市（現在は北九州市）の工場見学でした。ガイドのひとが、みんなを引き連れ、広い工場のなかを案内してくれるのですが、私にはまったく興味がわきません。

私は、勝手にひとりで、自分の興味のあるものを見学することにしました。案の定、そのうちに皆から離れてしまい、いわゆる迷子になってしまいました。まったく皆の姿は見えず、どうしたものか途方にくれてしまいました。

「これはまずい。いつものように、みんなから罵倒されるに違いない。先生は、私に罵声をあびせるだろう」と、みんなから、ののしられている自分の姿が、浮かんで来ました。

しばらくたって、私を探している同級生と会い、みんなが待っている広場に、私は戻ることが出来ました。しかし、私が予想していた、とげとげしい雰囲気とはまったく異なっていました。みんなから罵声が聞こえるわけではなく、みんな、おまえのことを心配していたぞという暖かい空気が伝わってきました。

その瞬間、私は、ゴメンと皆に謝りました。私が、謝らせられるのではなく、自分から謝ったのは初めてのことでした。イメージとしては、みんなの視線が、光のように私の身体を通り過ぎ、そして、また、みんなに放射し戻っていくとでも表現すればいいのでしょうか。それまでに体験したことのない光景でした。

私は皆に寄り添われ、みんなと同じ方向に向かって歩き始めました。何か言葉を交わしたのかもしれませんが、記憶にはありません。ただ、このときの包まれるようなイメージだけが、ありありと残っています。悪さをしては、皆から責められることの多かった私には、みんなから受け容れられる初めての体験でした。

後に、大学生になってから、エンカウンター・グループ（Rogers 1970）に参加することになり、このときと似た体験をしました。私は、九州大学大学院では、仲間関係に焦点をあてたエンカウンター・グループの研究を行いましたが（安部　2006; 2010）、この中学生のときの「迷子体験」で、エンカウンター・グループの原点みたいなものを、私は体験したのだろうと、今は振り返って思います。

## 6　若干の考察

現在であれば、以上のようなエピソードをもつ子どもに、心の専門家として、どのように関わることが可能なのでしょうか。自己の成長を支援する場合に、どんなことに留意するとよいのでしょうか。３つの視点から考察を試みたいと思います。

### （1）小さな肯定感から自己は生まれる

初めての場に参加するとき、当たり前のことですが、誰しも戸惑いを体験します。「いったい、この場は何なのか？　この人は一体、誰なのか？　自分は何をすれば、よいのか？あるいは、何をしては、いけないのか？」

このことは、プレイセラピーの場面にやってきた子どもたちを想像すると容易に理解することができます。親も同様でしょう。遊ぶの？いつも遊んでいるけど、何がちがうの？セラピストって？先生と呼ぶといいのかな、あるいは何と呼びかけたらいいのかな？戸惑いはつきません。

したがって、セラピストが困惑している子どもたちにかける言葉は、とても大切ということになります。たとえば、皆さんご存知のアクスライン（1964/1987）が、「開かれた小さな扉」のなかで、ディブスという少年に対してかけた最初の言葉は、「ここでは、あなたがしたい遊びを選ぶことができます（you decide what you would like to do.）」というものでした。子どもの意志あるいは選択する力といったものを尊重することを、明確に示したセラピストの言葉かけでしょう。

私の場合も、学校というものが何であるか、まったく理解できませんでした。学校とは勉強するところです。「え?・勉強?・勉強って、何?・」私には、机についての勉強というものが、苦痛でした。どうして、ここで、こんなことをしなければいけないのか。

幸いに、1、2年生の担任の先生に救われました。先生は穏やかで包容力のある先生でした。先生には、私の「どうして、ここで、こんなことをしなければいけないのか」という悲鳴のような「叫び」が、聴こえていたのかもしれません。先生は、この子に出来ることはないか、と、私に関心を持ち続けられたのだと思います。その結果が、答案の五重丸だったのでしょう。五重丸はひとつの例ですが、先生に担任をしていただいた1、2年生のときに、このことと似たようなエピソードに、いくつも出合いました。

それは、他からみると、小さなことでした。たとえば、学芸会のときに、私に与えられた役割は、アベくんは手先が器用だからと演題の題目をめぐる係でした。アベくんに出来ることは何か、と探すことで、先生は私に寄り添ってくれたのです。私は先生から、寄り添うことの大切さを学びました。

それは、結局のところ、ひとにとって、大きなことではなく、小さな肯定感が自己を救うのだと、今は理解しています。

## (2) 安心感が自己をつくる

私の小さい頃は、とにかく、みんなが貧乏でした。食べ物がなく困窮していました。朝食を食べずに学校に来る子どもも、まれではありませんでしたし、昼ごはんの時間になっても弁当を持ってきてない子どもがいました。

そんななかで、小学校4年生のときに学校給食が始まりました。

初めて、いわゆる脱脂粉乳のミルクを飲み、給食パンを食べる体験を行いました。美味しいものではありませんでしたが、それでも、お腹が満たされる幸福感はありました。

そのころ、家庭では、食べ物がないときは、塩や砂糖や醤油を直接に舐めて、空腹感を紛らわしていたほどでしたので、給食は子どもたちに登校の魅力を高め、登校する動機となったのは確かでした。

ところが、すぐに困った事態に直面しました。

昼食の時間になり、いざ給食のパンの配膳をおこなうのですが、パンの数が足りません。誰かが、給食の時間を待てずに食べてしまったのです。少し言葉としては、きついのですが「パン泥棒」の発生です。

子どもらには、誰がパンを食べたのか、それは直ぐに見当がつきました。朝、登校したときに空腹で元気のなかった級友が、元気いっぱいに遊んでいれば、ああ、あいつだろうなと、子どもながらに、およそ、推測がつきました。しかし、誰も、あいつが食べたとは言いません。子どもながらに、仲間を売る?ことは、決して、してはいけないことをよくわかっているのです。

そして、「犯人探し」として、こんな場合に先生が行う常套手段でしょうか。「みんな眼を瞑《つぶ》って、机につ伏しなさい。先生は叱らないので手を挙げるように」ということが行われました。

おそらくは、みんなが想像しているアイツが手を挙げるだろうなということをみんな期待していますし、早くこんな嫌悪な雰囲気から開放されたいものだとみんなが思っていたと思います。でも、一度では、手が挙がりません。なんどか、「さあ、先生は叱らないので、手を挙げなさい」という言葉が繰り返されます。

私は薄目をあけて、アイツが手を挙げるのを確認しようとしました。そのとき、驚きました。アイツではない級友が手を挙げていたのです。あきらかに、場の嫌悪な雰囲気に押されてのものでした。その子は、朝食をいつも食べて来る、パンを盗む必要のない子どもでした。

そして、ここからが真鍋先生の素晴らしいところですが、この犯人探しはこのときを最後に終わりました。自分がしていることが、いかに子どもらにとって、安心、安全なことでないかを知ったのだと思われます。子どものこころを穏やかにすることではなく、脅かすものであり、「こんなことをしてはダメだ」ということでしょう。

翌日から、真鍋先生は大きな弁当を持ってくるようになりました。そして、1限目が始まる前に、「朝、ごはんを食べてきてないひと、前に来なさい」と伝え、自分が持ってきた弁当から小皿に分けたご飯を与えました。

このことをきっかけに、クラスのなかから、疑心暗鬼が消えました。

当然のことながら、パン泥棒はなくなり、クラスのみんなは、給食の時間を楽しむようになりました。

今、振り返っても、あのまま、犯人探しが続いていたらと思うとゾーッとします。誰もが、給食だけでなく、学校も楽しい場では無くなったでしょう。

真鍋先生は、子どもたちに、安心感を与えることが出来たのですが、これはなぜかと考えると、今の私には「共感（Rogers 1980/1984）」という言葉にいきつきます。真鍋先生は、子どもの心に共感する力がとても強かったのではないかと思います。

たんに、パン泥棒が無くなればよいと考えるのではなく、その子どもがいかに困っており、そのためには、自分ができることは何かを考え、そのために行動する。

学校に弁当を持ってきて与えるなど、教育現場では行き過ぎだと考える議論も可能かもしれません。しかし、それらの議論は承知のうえで、真鍋先生は子どもの立場にたったときに、自分が出来ることとして、真鍋先生自身が、あえて選びとった行為だったのではないかと私は考えます。

## (3) 仲間が自己を育てる

真鍋先生は、ご自分でどこまで意識されていたかはわかりませんが、学級に仲間外れ（スケープゴート）をつくらないように、努力されていたと思います。悪ガキばかりで、いろんな困難を抱えた子どもたちがクラスには居たわけですが、学級そのものの雰囲気は、とても良いものでした。

そのことを可能にした真鍋先生の行動の例が、上記に紹介した　赤い髪の人物画のエピソードです。髪は黒く塗るものだというクラスのみんなの偏った見方に与することなく、私の赤い髪を認めてくれました。別に、真鍋先生が、認知療法を勉強されていたわけではないでしょう。人間に対して、真摯に向き合おうとすれば、当然の帰結として、この赤い髪はこの子の表現だ、尊重しようという姿勢が自然と出てくる、そんな先生だったのだと思います。

たとえば、こんな真鍋先生とのエピソードも思い起こすことができます。

真鍋先生が担任になって、最初に私に与えた役割は、身体の不自由なクラスメートを、朝、自宅に迎えにいき、学校に連れてくるというものでした。

当時は、今で言うところの、特別支援学校や特別支援級といったものはなく、学級のなかには、いろんな子どもたちが居ました。

私は足が早く、朝、走って登校する子どもでしたが、彼はそういうわけにはいかず、登校に数倍の時間がかかります。彼のペースでゆっくりと歩いて登校する体験をしました。

この級友の世話を通して、こんなことを学べと真鍋先生から言われた記憶はありません。真鍋先生なりの何か意図はあったのでしょうが、ただ、「迎えに行ってくれるか」という、どちらかといえばお願いでした。そのことに対して、不思議ですが、嫌がった記憶はありません。

当たり前のように、朝、迎えにいき、ときどきはケンカもしたのでしょうが、1年間、無事に役目を終えました。3学期の終わりには、彼の両親が私の自宅に、お礼の挨拶にみえ、私の親はどのように対応してよいかわからず、当惑していました。他の家の親が、私の家に来るときは、たいていの場合、私の悪さに苦情を申し立てるときだったからです。

今、不思議に思うのは、私の担当は登校のときだけで、下校のときは私の係ではありませんでした。誰か、他のひとが担当していたのだと思います。行きも帰りも、両方だと私の負担が大きくなることを真鍋先生なりに、配慮してのことでしょうか。

この体験を、理屈として考えてみると、〈身体の不自由なA君くんの世話〉を通して、子どもたちどうしのヨコの関係が活用されていることがわかります。真鍋先生は熱血漢でしたが、決して自分だけで抱え込むのではなく、子どもたちの力（横の関係、仲間の力）を活用する大切さを知っておられたのでしょう。

また、もうひとつ、学ぶこととして、本人にできることを長期的視野で準備するという取り組みです。そのとき、そのとき、いわば今に関わることも大切なのですが、1年間という長期的視野をもって活動を準備し、提供する。子どもの成長につきあううえで、今すぐの解決を焦らずに、どちらかといえば、長期的視野で成長に付き合う視点はとても大切に思われます。

## ７　終わりに　私からのメッセージ

### （１）自分の体験を大切に　自己を知る

臨床心理基礎実習や臨床心理実習をとおして、傾聴や共感の仕方、あるいは事例の読み込み、ロールプレイ等を体験的に学んで来ましたが、それらを貫くひとつの課題は、実習体験をとおして「自己を知る」ということでした。

ただ、私たちは、自己を知るというと、どうも自分の悪い面、ネガティブな面に注意がいきがちになりますが、そうではなく、自分の良さや得意な面をも含めて、自分の全体像に向き合うことを意味します。自分を知ることが、クライエントの支援につながるのです。

このことは、クライエントの立場に置き換えてみると、すぐに理解できます。クライエントは、ある意味で、自己のネガティブな面に、とらわれてしまい、自己のポジティブな面をみることが困難になっている人ということが出来るかもしれません。そのようなクライエントに対して、大雑把ですが、自分のポジティブな面にも目を向けてみましょう、という支援を、継続的に行うことで、クライエントが元気をとりもどすことを私たちは期待します。元気になったときのクライエントに接したときの嬉しさは、わたしたちに感動を与えます。

ただ、現場で接するクライエントは、そう簡単に、一朝一夕に変化するものではありません。私たちは、変化しないクライエントを前に、セラピストとしての無力感や絶望感を味わうことも、たびたびです。しかし、それも自分（自己）なのです。私たちは、決して万能ではありません。

そんなとき、「小さな肯定感」を大切にしてほしいのです。すなわち、自己を知るとは、小さな肯定感を見つけることと、言い換えても良いかもしれません。クライエントだけでなく、セラピストにとっても、小さな肯定感が、私の子どもの頃の救いとなったように、みなさんの自己の成長を促すことでしょう。

## (2) ひと(クライエント)から学ぶ　安心感を共有する

自分を知ることは他人を知ることでもあります。臨床心理基礎実習や臨床実習では、グループに分かれて、それぞれの感想や意見を披露するときに、同じものはありませんでした。違っていても良いのです。もちろん、共通なところもありますが、その違いが自分らしさにつながるのですし、他のひとにとっても、他の人らしさに繋がっているのです。

したがって、著書や論文をとおして、他のひとの体験から学ぶ姿勢は、とくに大切になりますが、なかでも事例カンファレンスは学ぶことが多いと思われます。機会があれば、積極的に、事例カンファレンスに自分の事例を発表してみるとよいでしょう。

残念ながら、誤解が生じやすいのですが、事例カンファレンスは、発表者をいじる場でもないし、恐怖に陥れる場でもありません。あくまでも、発表者をはじめ、参加者の自己の成長のための場だと私は考えます。そして、その成長が、クライエントの成長へつながっていることを忘れてはならないでしょう。

最終的には、私たちは、クライエントから学ぶことになります。

自分とは、異なった人生を生きてきた、あるいは生きようとするクライエントから、なぜ、そのような人生なのかを、ふたりで、読み解くことがセラピーのプロセスとなります。

そのようなセラピープロセスを生み出すための手がかりとして、安心感をキーワードとして提示したいと思います。

私たちは、クライエントの前に、人として存在することが、恐怖ではなく、安心感を与えうるかどうか。言葉だけに限らず、わたしたちがクライエントと接するときの態度や行動をも含めてです。

## (3) 仲間と共に生きる　ヒューマニティ(人間性)でつながる

濃密でタフなカリキュラムをとおして学んできた皆さんですが、振り返ってみると、必ず、同じ学ぶものとして支えてくれた仲間がいたことに気づくのではないでしょうか。ケースを終えて、疲れて院生室に帰ったときに、皆さんを迎える仲間たちの顔や言葉に救われ、励まされたに違いありません。ケースは自分だけで担当しているわけではなく、ある意味、チームでコミットしているといってもいいかもしれません。自分も仲間から支えられ、育てられているのです。

ところで、仲間という言葉をひと(人間)に限定し狭く考えなくてもよいのではないでしょうか。ペットロスという言葉があるくらいですから、動物や植物だって仲間と考えてもよいのでしょう。花や樹木を育てるのも、仲間をいたわる気持ちと同じでしょう。いのちあるものは生きようとしているわけですので、いのちあるものを仲間として考えても不思議ではないでしょう。場合によっては、無生物だって、仲間としても、決して不思議ではありません。

ぜひとも、仲間を大切にし、仲間と共に自己を成長させていただくことを、私からの希望として述べさせていただき、終わりとしたいと思います。

**文献**

安部恒久(2006)エンカウンターグループ　仲間関係のファシリテーション　九州大学出版会

安部恒久（２０１０）グループアプローチ入門　誠信書房
Axline, V.M.（1964/1987）Dibs in Search of Self Ballantine Books New York.　アクスライン，V．M．開かれた小さな扉――ある自閉児をめぐる愛の記録　岡本浜江訳　日本エディタースクール出版
Rogers, C.R.（1980/1984）A Way of Being Houghton Mifflin Boston.　共感－実存を外側から眺めない係わり方　畠瀬直子監訳「人間尊重の心理学」第７章　創元社

（備考：本稿は、２０２０年1月27日（月）に、福岡女学院大学（2号館２２１教室）において開催された、大学院としての最終講義を起稿したものです。当日のお世話をいただいた教職員、学生の皆さんに深く感謝申し上げます。）

追記：筆者の教育関連の論文に興味のある読者は、以下の文献を参考にしていただけると有り難いです。

①　安部恒久（１９９５）アメリカのスクールカウンセラー制度について
村山正治、山本和郎　編「スクールカウンセラー」　ミネルヴァ書房

②　安部恒久（２０００）スクール・カウンセラーとグループ・アプローチ　村山正治編　現代のエスプリ別冊　臨床心理士によるスクールカウンセラー　３０５－３１３　至文堂

③　安部恒久（２００８）教育支援とグループアプローチ　藤原勝紀編「教育心理臨床パラダイム」　至文堂

①　は１９９３年から１９９４年に、筆者がアメリカに留学したときの現状報告です。アメリカでは、スクールカウンセラーのスキルとしてグループアプローチが必須の技法となっており、大学院の授業では、教科書としてヤーロムの集団心理療法の分厚い著書が、体験ワークと共に使われており、レベルの高さに驚かされたものです。

②　は、スクールカウンセラーが、教育現場でどのようにグループアプローチを用いることが出来るかを、日本

でのレヴューを行い、今後の可能性を提示しています。

③は、学校現場で、グループアプローチを用いる場合に、スクールカウンセラーにぜひとも知っておいてほしい留意点を、グループアプローチの視点から3点にしぼって紹介したものです。

Sachiya

# 第2章 自己の居場所を求めて

## 1 はじめに　友人からの不思議なメール

その夜、私は、ジェンドリンさんから受けたフォーカシング体験（１９９３年8月シカゴ）を振り返り、ケイタイをお休みモードに設定して就寝した。ところが、夜半に、ケイタイ着信の気配を感じ、手にとってみると、友人の坂中正義先生からのメールだった。おかしいな、お休みモードに設定したはずなのにと思い、確認してみたが、やはり、間違いなく、お休みモードに設定していた。

おかしなことがあるものだ。こんな夜半に何なのだろうと思い、内容を確認してみると"This is me"を書いてほしいとの原稿執筆の依頼であった。

驚きであった。というのも、就寝前に振り返ったジェンドリンさんとのフォーカシング体験の内容が、友人との出会いというテーマだったからである。さっそく、友人からメールが来た！

朝、起きてみても、坂中先生からのメールはケイタイから消えていなかった。夢のなかの出来事ではなかったのだ。早速、坂中先生に、快諾のメールを送った。

以下は、このメールがきっかけとなって、私が私になるために、居場所を求めて出会った人々との体験や出来事を、ＰＣＡ関連にしぼって、急ぎ足で描いた“This is me”である。

## 2　瞑想体験　「身体」を通して「自己」を整える

「私」を理解していただくために、「自己」というものに執着し始めた高校生の頃から述べたいと思う。

私は福岡の地元の高校に入学し、1時間ほどかけて、初めて電車通学した。この高校は、福岡の街では、伝統校として、そして進学校として知られていた。私は、とくに、この高校に憧れたわけではなかったが、中学時代の親しい友人たちが、この高校に行くというので、私も、という理由で選択した。

ただ、入学してみて、それまでの中学校生活とは異なる、伝統校特有の文化に圧倒された。

学習面をひとつとっても、当然、みな優秀であるだけでなく、勉強の仕方というのを身につけており、自分のスタイルを持っているのに驚いた。

したがって、教師は勉強を教えない。生徒は、それぞれ自分のやり方で進めていく。進学校とはいうものの、大学受験のための勉強というものを、教師が、強いたりすることはない。どうぞ、ご自分のスタイルでお好きなように、おやりなさい、というのが基本的なスタンスであった。

このことは、学習（勉強）面だけでなく文化祭や体育祭などの学校行事も、一切と言ってよいほど、教師は口を出さず、「生徒主導」で進んだ。

私は、この都会の伝統校（進学校）のなかで、中学生の頃のように、友人たちとじゃれ合う機会は少なくなり、ユーモアを好み、軽口をとばす私は影を潜めた。場違いなところに来た孤立感が強くなっていった。

そんな状況のなかで、八尋武人先生に出会った。

教科は書道の先生であり、八尋螯泉（やひろがくせん）（1889～1976）と号され、九州大学の箱崎キャンパスの正門門標や西日本新聞の題字を書かれた先生であった。

八尋先生は、書道は、書（文字）の上手下手を競うのではなく、書は自己表現であり、書をとおして自分を磨くものであるという書道家としての生き方を探求されていた。

私はこの八尋先生から「瞑想（静坐）法」を教わり、身体（呼吸）を通して自己を整えることへの興味を覚えた。また、毎朝、講話があり、テーマは「道としての自己探求」で一貫しており、以下のような言葉が、標語として先生の小さな部屋に掲げられていた。


「道とは吾非を知ることなり　念々非を知りて　一生不打置を道といふ也」

私は八尋先生の自己探求的な生き方に強い影響を受け、自己とは何かを「瞑想（静坐）」をとおして模索し始めた。ただ、居場所としては、道を求めるがゆえに、極端にストイックであり、高校生としては、青春謳歌とはいかず、自己の在り方に窮屈さを感じざるえない一面もあった。

## 3　心理療育キャンプに参加　自分の居場所を発見

1969年4月に、九州大学（六本松教養部校舎）に入学はしたものの、大学紛争（大学闘争）のあおりを受けて、授業は1ヶ月ほどで停止（ストライキ）となった。私は、授業停止（ストライキ）やクラス討論会などに振り回され、大学生としての居場所をもてないまま、六本松での教養部時代を通過した。

なお、村山正治先生は、この頃、教養部に在職されていたが、村山先生との出会いはなかった。村山先生が教養部の頃に主催されていた「合宿ゼミ」にも参加したことはない。ただ、村山先生の「合宿ゼミ」に多くの級友が参加しており、学生間で知られた存在であり、友人たちの間で好評であった。

大学2年生後期（1970年10月）から、専門課程に進学し、キャンパスが箱崎学舎に変わったものの、こちらのキャンパスはこちらで、やっかいな問題を抱えており、授業は不定期に実施され、真面目に出る雰囲気はなかった。カウンセリングの授業にも出てはみたが、近代人の疎外論が中心であり、ロジャーズの記憶は残っていない。

そんな状況のなかで、私は肢体不自由児の療育キャンプに参加し、自分の居場所を発見した。

私が専門課程に移った頃、教育学部では、成瀬悟策先生が肢体不自由児を対象として、今で言うところの「動作法」を開発されている初期の頃であった。

動作訓練は、学内でも行われていたが、後に、社会福祉法人「やすらぎ荘」の一角を借りて、心理リハビリテーション研究所が開設され、1週間の心理療育キャンプが宿泊形式として行われるようになった。

私は、この心理療育キャンプに、学部の2年生（1970年）後期から、級友らと共に、ボランティアとして参加した。

私は大学生になっても、高校生のときに学んだ「静坐（瞑想）呼吸法」を継続しており、日常では動かしている「身体」を、いかに「動かさない」で、ただ坐るかということに腐心していた。

ところが、心理療育キャンプで接した肢体不自由の子どもたちは、「動かない」自分の「身体」を、なんとか「動かそう」と苦労しており、どのようにすれば、自分の「身体」を動かすことができるのかに奮闘していた。

子どもたちにとっても、私にとっても、「身体」は単なる「身体」ではなく、自己にとって特別な存在であり、私は「動作訓練」を通して、子どもたちを支援することで、自分の居場所を発見した。

一方、心理療育キャンプでは、一日三回の動作訓練だけでなく、昼間に子どもたちの遊戯を中心とした集団療法があり、また、夕食の後に、子どもたちだけのＴグループを先輩たちが実施していた。

私は、心理療育キャンプでは、この集団療法及びＴグループを担当した。

最初はどうなるかという思いであったが、参加した子どもたちや親たちと打ち解け、喜怒哀楽を共にすることによって、のびのびとしたグループ体験を味わうことが出来た。

肢体不自由という同じ境遇の子どもたちや親たちが、同じ苦しみや悩みをもつ仲間を発見し、「そうだそうだ」と頷きあい、お互いを支え合う姿に、私は感動した。

私は、肢体不自由の子どもたちの「動作」をトレーナーとして支援する面白さとともに、一方で、集団療法やＴグループ体験をとおしてグループアプローチのもつ魅力にひかれていった。

## ４　Ｔグループ体験

１９７０年に、心理療育キャンプで、Ｔグループを実施し始めたものの、十分な参考書などもなく、なによりも、私自身は、いわゆるＴグループと呼ばれるグループ体験に参加した経験がなかった。

そこで、私は、学部３年生（１９７１年）の夏休みに、ぜひともＴグループを体験してみたいと思い、三隅二不二先生に、Ｔグループを実施してほしい旨のお願いをした。

三隅先生は、アメリカ留学で、NTL（National Training Laboratory）のTグループを体験しておられたからである。しかしながら、スケジュールが合わなかった。三隅先生は、すぐにトレーナーを探してくれ、Tグループ経験のある社会心理学専攻の大学院の先輩が引き受けてくれた。

このTグループは、1971年8月に、2泊3日で大分県の九重町にある九州大学の研修所で実施され、メンバーは、学部生や院生や事務のひとを合わせて、10数人が参加した。私はマネージャー兼メンバーとして参加した。

Tグループ体験の印象として、トレーナーはフィードバックするひとであり、今、ここで起こっている行動をとりあげ、「みなさんはどのように対処しますか?」と問いかけ、メンバーで解決していくことを促した。

私にとって、このTグループ体験は、心理療育キャンプでの子どもたちや親たちとのグループ体験とは、テイストが異なっていた。

Tグループは、グループ体験のなかでの現実に、どのように対処し解決していくか、どちらかといえば、思考実験のようにみえた。だからこそ、ラボラトリートレイニングなのだろう。これはこれでグループ体験のひとつの在り方なのかもしれない。Tグループの参加者は、グループの課題に、意欲を持って挑戦しており、それなりに満足しているように見えたからである。

グループ体験後のふりかえりでは、グループの情緒性よりも、どちらかといえばグループの思考性に焦点をあて、課題を解決するというグループ体験であったかもしれない、というトレーナーの感想であった。

ただ、この先輩は、日常の学生生活のなかでは、ひとの気持ちへの感受性が高く、面倒見の良いひとで、どちらかといえば、情緒性の強い先輩だった。だからこそ、トレーナーを引き受けてくれたのだろう。わざわざ、Ｔグループを企画して、トレーナーを探して頑張っている後輩に応えてくれたのだと思う。

結局のところ、Ｔグループは、私の関心である「自己探求」「心理的成長」「支え合い」とは方向が異なっているように、その当時の私には思えた。

後に、Ｔグループそのものへの私の印象は、山口真人先生（南山大学）と日本グループアプローチ研究会でご一緒に活動する機会があり、相当に修正された。山口先生から、大学教育への取り組みの実際を、研究会でお伺いしていると、私の関心との共通点のほうが大きいと感じた。

なお、南山大学でのＴグループを用いた教育実践の様子は、楠本（２０２０）の論稿で知ることが出来る。

## 5　村山正治先生との幸運な出会い

本当に幸運なことに、私は１９７４年4月に九州大学大学院に入学するが、この年に、村山正治先生がＣＳＰ（center for studies of the person）でのアメリカ留学から帰国され、教養部から教育学部に異動し、着任された。

アメリカ帰りの村山先生は、若く、輝いており、話を聞けば、エンカウンターグループという心理的成長を目標としたグループ体験を学んで帰国されたとのことであり、大学院での指導をお願いすることになった。

村山先生に、最初に会った日から、50年ほど経った今でも、私は大学院で村山先生に出会ってよかったと、しみじみ思う。その主な理由を二つだけ、記しておこう。

### （1）村山先生は権威から自由であった。

当時、学生の風潮として、権威に物申すという態度が顕著であったが、村山先生は、権威から自由であった。指導教員として、私を教員と学生という狭い枠のなかに押し込めることをしなかったし、あなたは私の弟子だという態度もとらなかった。私の好きなことを、私の好きなように、やらせていただいた。

私も、後に大学教員となり、学生の指導をすることになるが、学生が好きなことを好きなようにすることを見守ることほど、教員にとって難しいことはない。教員の気持ち（本音？）としては、教員の好むことを、教員の好むようにやってくれる学生のほうが、ある意味で、楽である。でも、それでは、学生のパフォーマンス（業績）は、あがっているように見えるが、学生自身のオリジナリティ（自分らしさ）は育たないということを、村山先生は、よく、わかっておられた。

### （2）村山先生は、人とのつながりを大切にするひとであった。

村山先生が教育学部の大学院に来られてから、大学院はそれまでになく活気づき、最終講義の講演録に、以下のように記載されているように、村山先生は精力的に活動された（村山　2005）。

「エンカウンターグループやフォーカシングの拠点としてだけでなく、心理教育相談室の充実と拡大、「心理臨床研究」の創刊、日本心理臨床学会、日本人間性心理学会の創設参加、「人間性心理学研究」編集局長就任」

村山先生とこれらの活動を、いっしょに過ごさせていただいたことで、ＰＣＡとはどのようなものなのか、その実際を体験として学ぶことができた。それは私だけではない。村山先生が毎週開催されていたリサーチ研究会や福岡人間関係研究会には、他のゼミや他の学部や他の大学のひとなど、多様な人々が参加していた。とにかく、参加する人の価値観を尊重し、いっしょに学ぶということを原点に、人とのつながりを大切にする先生であった。

## ６　ファシリテーター研究

### リーダーシップの分散　権威からの自由

私は、大学院の博士課程に入ってから、エンカウンターグループの研究を本格化させ、自分がファシリテーターを務めたグループ体験を、グループ事例としてまとめていった。方法論としては、事例研究が、私の肌に合うように思われた。というのも、「私のグループ体験を研究することによって私をつくる」というスタンスを可能にしたからである。

「私は、私のメンバー体験やファシリテーター体験を研究し論文にしてきました。大まかに言うと、グループ体験のなかで、どのようにメンバーとして、ファシリテーターとしてグループのなかに私自身が居ることが、私にとって自由なのかといったことを研究してきたように思います。（中略）自分の体験が、自分には、最もわかりやすいという理由からです。なぜ研究するのかと聞かれれば、自分が自由になりたいからと、はっきりと答えることもできたからです。」（安部　２０１０　エンカウンター通信４００号記念号　福岡人間関係研究会）

「私が自由でなければ、他のひとも自由ではないだろう」

この言葉は、当時の村山先生の口癖で、よく、つぶやかれていた。

私のグループ研究は、メンバーの心理的成長を促進するために、ファシリテーターはグループのなかに、どのような居場所をつくると良いのか、を探求したものだった。

結論としては、「リーダーシップの分散」とそのことを可能にする「安心感の醸成」が、私の研究から示唆された鍵概念だった。ファシリテーターが、グループのなかで、パワー（権力、権威）を独占することなく、メンバーそれぞれがリーダーシップを発揮できるグループの安心感をつくること。それが出来たとき、メンバーも、そしてファシリテーターも、権威から自由となり、グループを自己の居場所とすることが出来るというものであった（安部　2006：2010）。

## 7　ミスター・エンカウンターグループ

私が在籍した頃の九州大学大学院では、教員が直接に学生を指導するというよりも、「助手さん」と呼ばれていた先輩方が核となって、後輩大学院生の面倒をみるシステム?だった。多士済々の先輩助手のなかでも、グループ体験の実践と研究の場合には、私がミスター・エンカウンターグループと呼ぶ野島一彦先輩が、熱心に取り組んでおられ、大変、お世話になった。

最初にお会いした頃は、クルマではなく、バイクで颯爽と移動されていた。

野島先輩は、私の遊び仲間ではなかったが、とても勤勉で努力家であり、私とはグループ体験の研究仲間とでも呼べる先輩であった。多くのグループ体験の場をいっしょに過ごさせていただいた。

以下は、お互いに、グループ体験について、切磋琢磨していた頃のことを文章にしたものであり、カンファレンスといっても、会議室ではなく、クルマのなかである。

「ご存知の方も多いと思いますが、野島先生にとってクルマはとても大切なものです。特別な空間といっていいかもしれません。運転しているときの野島先生はとてもご機嫌がよく、野島ワールドに浸っておられることが多いのです。同乗させてもらったひともたくさんいるのではないでしょうか。

私にとっての思い出は、野島先生のクルマのなかでグループ体験等をカンファレンス（議論）したことです。ほとんどの場合は夜でした。男ふたりが夜に、停まったクルマのなかでブツブツ言い合っている光景は、今思うと、少し異様だったかもしれません。

カンファレンス（議論）したことのひとつにグループのスタイルがありました。その頃の野島先生はロジャーズに憧れられ医療領域を実践現場として、言葉を媒介としたとても「まじめ」なグループスタイルでした。私はといえば、アクスラインやムスターカスの遊戯療法に影響を受けて、児童臨床現場を自分のフィールドとしており、どちらかというと「遊び」を得意としたグループスタイルでした。

カンファレンス（議論）を重ねるうちに、野島先生のグループは「まじめ」なだけでなく、ゲームなどの「遊び」も取り入れられた柔軟な形に変化していきました。野島先生は現実を踏まえて対応することに、とても優れた能力をお持ちですが、このグループスタイルの件でもそんな野島先生のすばらしさが発揮されました。私のスタイルも変化していきました。お互いが影響を与え合い、お互いのグループスタイルを取り入れ、無理のないかたちで融合し発展させていったのではないかと思います。

以上は、現在のような「発表レジュメ」を準備したり「コメンテイター」が設置されていたりといった組織化されたカンファレンスなどがない30年ほど前の話です。しかしながら、私にとっては、カンファレンスの原点とでもいうべき体験です。とても生産的で創造的な時間を過ごすことができた感覚が今も残っています（安部　2014）」

## 8　ラホイヤプログラム　自分が変わる体験

村山先生に薦められ、1978年8月4日～20日、大学院博士課程3年生のときに、ロジャーズ博士らのCSP（Center for studies of the person）が主催したラホイヤプログラム（La Jolla Program）に参加した。このプログラムへの参加体験は、「私が私になるためのプロセス」として、居場所を求めて来た私に、それまでにない大きなインパクトを与えた。ラホイヤプログラム参加前と後の「私」の変化を、みてみよう（安部　2010）。

参加前の「私」：
「私は、言葉を使って相手とやりとりするのが得意ではなく、どちらかと言いえば、みんなと居るよりはひとりで居るほうが気楽であり、偏屈な面を持ち合わせていた。
したがって、私のグループ体験における課題を、大まかに言えば、みんな（グループ）の中で、言葉を使って、いかに柔軟にやりとりができるか、ということであった。」

参加後の「私」：

「日本に帰国し、日常生活のなかで、それまでの言葉でのやり取りに対する苦手さや人間関係に対する煩わしさは減少した。むしろ、ひとに対する関心が増加し、ひととの関係を楽しもうとする自分を意識することができた。また接するひとを毛嫌いするのではなく、信頼することによって自分自身への信頼感も増すのだということに改めて気づいた。さらに、自分を卑下したり犠牲にしたりすることよりも、自分の好みに対して肯定的な自己像を思い描くことによって、変化しつつある自分を実感できた。」

ラホイヤプログラムは、私が自分に挑戦し変化するための、安心感に満ちた居場所を私に与えた。以後、私は自分がグループ体験でファシリテーターを務めるときは、このような安心感に満ちた居場所を、最優先で作り出そうと試みるようになった。

## 9　ロジャーズ博士との邂逅

このラホイヤプログラムで初めてロジャーズ博士（Rogers, C. R.）に会った。

私にはロジャーズ博士がこのプログラムに参加するという意識は全くなかった。したがって、プログラムの途中で、親しくなった参加者のメアリーが「カール」に会わないかと言ったときも、「カール」は、てっきり彼女の彼氏だと勘違いしてしまった。それで、「疲れているから会わない」と断り、自分の部屋で休むことにした。

「そうか、アベは、変わっているな〜。日本人は皆、会いたがるのだけどな〜」と言いながら、メアリーは部屋を出ていった。

　私は自分の部屋で休んでいた。すると、再び、メアリーがやって来た。

「日本人だけでなく、みんなが会っているから、お前も会ったほうがいい」

としつこく言う。

「おまえの彼氏は、そんなにスゴイのか」と、メアリーの押しの強さに辟易しながら、やりとりしていると、どうも様子が違う。

「アベは、カウンセリングのロジャーズを知らないのか？エンカウンターグループのロジャーズを知っているだろう？」


　そのとき、私は自分の勘違いに気づいた。

　ロジャーズ博士がラホイヤプログラムに参加するために、一日だけ特別に、会場であるカリフォルニア大学サンディエゴ校にやって来たのであった。私はロジャーズ博士が参加するから、ラホイヤプログラムを選んだわけではなかったので、私の意識から、すっかり抜け落ちていた。

　メアリーに連れられて、セッションの会場に出かけて行った。

　ロジャーズ博士は「参加して、いいですか？」と一言、声をかけ、みんなが「ウエルカム」というと、カーペットに座りこんで、セッションに参加した。

　おいおい、誰か椅子を譲れよ。私なんか、そう思ってしまうが、誰もそうしないし、そうしてほしい素振りをロジャーズ博士もみせない。気の良いお爺さん然として、カーペットに座って参加している。

このロジャーズ博士の姿を見ておいてよかったと思う。このときの、この姿をみることで、私のなかに、極端に理想化されたロジャーズ像は生まれなかった。私にとって、「カール」と呼ぶことは難しいが、すくなくとも、「ロジャーズ博士」から、「ロジャーズさん」に、変わった一瞬であった。メアリーに感謝である。

ロジャーズさんとは、５年後に、１９８３年４月30日～５月５日に人間関係研究会が開催した国立婦人教育会館でのワークショップ（Person Centered Approach Workshop with Carl & Natalie Rogers）で、再度、お目にかかった。このとき、畠瀬直子先生に通訳として助けてもらい、「ロジャーズさんの感受性の鋭さは、生まれつきのものですか？」ということをお尋ねしたが、「いいえ、違います。ひととの関係のなかで学んだものです」という答えであった。

私がロジャーズさんの答えに、不満な顔をしていると、すぐに「がっかりしたでしょう」とロジャーズさんから声がかかった。やはり、どこまでも、関係のなかに生きるひとであった。

さらに、５年後、１９８８年９月12日～16日に、ベルギーのルーヴァン大学で開催された国際会議（International conference on client-centered and experiential psychotherapy）に出席したが、ロジャーズさんは前年の１９８７年に亡くなられ、招待講演はジェンドリン博士だった。

私は、ラホイヤプログラム参加によって、安心感のある居場所とは、また自己の成長とは、どのようなものなのか、およその手応えを感じ始めていた。このとき、私は大学で臨床心理学を教え、学生相談室のカウンセラーとして活動していたが、この「安心感のある居場所」をどのようにすれば創出できるのか、以後、工夫を重ねていくことになる。

## 10　終わりに　ウィズ・コロナ時代へ向けて「オンライン」と「からだ」

この原稿を執筆している２０２３年8月現在、コロナは5類に移行し、ウィズ・コロナの時代に入った。以下は、３年前に書いた文章である。

残念ながら、コロナ禍の感染防止のため、自己を探求するための「安心感のある居場所（安部　２０２０）」を確保することは、難しくなっている。

大学のキャンパスは、学生の皆さんの元気な声で賑わっているかといえば、そうではない。大声で話すことは禁止され、近づくことも、ままならず、人との接触は制限されている。

ちょうど、本稿の最初に述べた、私が大学に入学した50年ほど前と似た状況が再現している。学生の皆さんは、自分が思い描いていた入学後のキャンパスライフとは異なり、自分の居場所はどこにあるのかと、困惑している。それは、私も同様であり、社会全体もそうである。幸いに、50年前とは異なり、デジタル社会となり、便利な情報機器が生み出されている。三國（２０２０）は、インターネット会議システムを使った5日間のエンカウンターグループに参加し、そこでの様子を報告している。

はたして、閉塞感を打破し、「自己の成長」を体験するために、私たちは、この予期しない現実と、どのように、つきあっていくことが可能なのか。

私自身も、新たな私の居場所を模索しているところである。

さて、コロナ禍のなかでの私の3年間は、どうだったのか。

目新しいことのひとつとして、オンラインでの授業や学会を体験したことが挙げられるだろう。グループ体験と呼んでいいかどうかわからないが、似たようなこともオンラインで体験した。本当に、便利になったものである。自分が動かなくても、物理的距離を軽く飛び越えて「情報」が伝わる。それはそれで、凄いことだなと思う。

ただ、私の場合、オンラインを体験して違和感を覚えるのは、対面のときとは異なり、「情報」が「からだ」に、どうも、すっと染み込んで来ないことである。ときに、テレビなんかの画面を見ているときと同様の感覚に陥ってしまう。

したがって、私の場合は、瞑想法を行い「からだ」になじませる工夫をいろいろと行ってみた。そうしてみると、いくぶんか、オンラインでの情報を、からだが受け止めやすくなる自分を発見した。

瞑想の仕方は、通常の雑念を払うといった方法ではなく、むしろ情報をいったんからだで受け止め、情報と遊ぶといったかたちで歓迎したほうがうまくいくようである。このことを私は、１９９３年夏に、フォーカシング研究所主催のワークショップ（シカゴ近郊）に参加し、ジェンドリン博士から、直接にフォーカシングを受けたときに「ビーチ遊び」として学んだ。

ジェンドリン博士から、フォーカシング体験のときに、次のようなコメントをいただいた。

「深く自己のなかに沈潜するのも大切だが、フォーカシングでは、意識の浅いところに着目するのが特徴だ。いきなり、海の深いところにいくのではなく、浅いところでビーチ遊びをする感覚で、体験してみてはどうだろう?」

この「ビーチで遊ぶ」というメタファ（象徴化）は、強く印象に残り、その後、現在まで、私が瞑想法を行うときに、意識と身体を分裂させることなく、自己をつなぐのに大いに役に立っている。

はたして、オンライン体験は、どのようにすれば、安心感のある自己の居場所となりうるのか、また自己を形成するための手立てとなりうるのか。おそらく今後は、アバターを使うなど、デジタル空間ならではの様々な工夫がさらに行われ、発展していくのだろう。

私のわずかな試みから言えることは、デジタルであっても、あるいはデジタルだからこそ、「からだ」の感覚をどのように、デジタル情報につなぐのかが、デジタル空間を安心した居場所とするためには大切ではないか、ということである。

私自身、この「デジタル」と「からだ」をつなぐ試みは、現在も継続しているところである。

## 文献


安部恒久（２００６）エンカウンターグループ　仲間関係のファシリテーション　九州大学出版会

安部恒久（２０１０）私のグループアプローチ入門　誠信書房

安部恒久（２０１４）野島一彦教授　日本心理臨床学会受賞記念誌　野島一彦教授記念事業会

安部恒久（２０２０）出会いと自己の成長　福岡女学院大学大学院紀要　17　39－45

楠本和彦（２０２０）Ｔグループを中心としたラボラトリー方式の体験学習　人間性心理学研究　38（１）71－78

三國牧子（２０２０）グループと人間性心理学　人間性心理学研究　38（１）65－69

村山正治（２００５）ロジャースをめぐって――臨床を生きる発想と方法　金剛出版

# 第3章
# スケープゴート構造とスケープゴートプロセス

## 1　はじめに

どのような形態のグループアプローチ（成長グループあるいは治療グループ）であろうと、スケープゴート現象への対処は、グループを個人の心理的変化の促進ために活用しようとする場合に、共通に遭遇するリーダー（ファシリテーター、セラピスト）の課題である。というのも、グループは個人を支え成長を促しもするが、一方で、個人をグループのために犠牲にする特質を持っているからである。したがって、これまでに成長グループにおいても治療グループにおいても、スケープゴート現象への関心は注意深く払われてきた（Toker 1972：Scheidlinger 1982：安部　２００６）。

本章では、グループアプローチにおいて、どのようにメンバー個人の心理的成長を援助し、スケープゴート現象に対処しうるかを、グループ構造とグループプロセスに着目したグループアプローチの観点から述べることにしたい。

なお、スケープゴート現象の定義と様々な領域における接近については、次章を参考にしていただきたい。

## 2 スケープゴート構造への着目

私のグループアプローチの特徴のひとつは、スケープゴート構造に着目し、グループ全体がメンバー個人を受容する過程としてグループプロセスを捉えるところにある。私のグループアプローチの見立てと働きかけ（介入）を、図1および表1により、要点を説明したい。

### （1）グループが個人を受容する　ファシリテーター受容プロセスとメンバー受容プロセス

私はグループプロセスの発展を「グループによるファシリテーター受容プロセス」と「グループによるメンバー受容プロセス」の二つのプロセスの進展としてとらえている。さらにこの二つのプロセスを「ファシリテーター加入プロセスとファシリテーター共存プロセス」、「メンバー加入プロセスとメンバー共存プロセス」の二つにそれぞれ分け、合わせて四つのプロセスを想定している。

以上のグループプロセスを促進するために、グループアプローチにはグループアプローチ独自の視点が求められるが、そのひとつは「グループが個人を受容する」という視点である。

通常の個人を対象とした個人療法では、セラピストがクライエントと呼ばれる個人を受け入れることが出来るかという視点が基本となるが、私のグループアプローチでは、グループが個人を受け入れることが出来るかという視点が強調される（安部　２００６）。

というのも、クライエントと呼ばれる人々は、現実の家族や学校や職場で、自分の考えや行動が受け入れられずに、家族や学校や職場の人間関係から外れたり、あるいは外されたりといったスケープゴートがきっかけとなって、臨床の場にクライエントとして来談すると理解されるからである。このような所属する集団から受け入れられなかったり、あるいは排除されたりする人々を、支援しようとするさいには「グループが個人を受容する」といった視点が有用である。

すなわち、私のグループアプローチでは、現実のグループ（家族・学校・職場・社会）から受け入れられない人々を、臨床のグループでどのように受け入れていくかという「スケープゴート構造」として、グループプロセスを見立てることから開始されることになる。

## (2)「異質さ（差異性）」を受容する（スケープゴート構造への働きかけ）

私は、スケープゴート構造に働きかけるために、表2－1にみるように、メンバー間の共通性と差異性に着目してグループプロセスを促進する。

上に述べた現実社会のグループ（家族・学校・職場・社会）で受け入れられないメンバーを、グループ体験のなかで受け入れるプロセスは「異質さ（差異性）」を受容するプロセスであると見立てることが出来る。グループ体験のなかでは、この「異質さ（差異性）」の代表が、リーダーであるファシリテーター（セラピスト）である。したがって、まずはリーダーであるファシリテーター（セラピスト）の受容がグループの最初の課題となり、この「異質さ（差異性）」としてのファシリテーター（セラピスト）を受容するグループプロセスは、その後、グループのなかの「異質さ（差異性）」をもったクライエント（メンバー）個人を受容するグループプロセスへと引き続き発展する（安部　２００６）。

ところで、グループが異質なものを受容するためには、まずはメンバー間の「共通性（共通項）」を見出すプロセスが必要となる。すなわち、「共通性（共通項）」を見出すことによって、メンバー間はグループとしての凝集性を強め、仲間意識を高めることが出来るからである。グループが「共通性（共通項）」を発見する前に、メンバーそれぞれが持つ異質性（差異性）に直面してしまうことは避けたほうが無難であろう。その場合には、グループはサブグループに分裂し、仲間意識というよりは敵意を持つことになり、グループそのものが崩壊してしまうことにもなりかねない。

このことはリーダーにおいても同様であり、リーダーとメンバーの間で共通性（共通項）を見出せない場合には、リーダーがグループを発展させることは困難となり、リーダーはスケープゴートとなりやすい。リーダーのグループプロセスへの働きかけの最優先事項のひとつとして、グループにおける「共通性（共通項）」の発見及び形成は何よりも大切である。

なお、「異質さ（差異性）」の受容については、次章において別の観点から、より詳細に述べている。

## 3　リーダーとしての基本的スタンス

私はリーダーであるがメンバーのひとりでもあるというのが、私のリーダーとしての基本的スタンスである。

したがって、ファシリテーターとしての私は、加入プロセスにおいてはグループの内に入ることによってメンバーに働きかけ、また共存プロセスにおいてはグループから外に出ることによってメンバーに働きかけるなど、そのスタンスをグループプロセスの発展段階に応じて柔軟に対応する。この場合、グループプロセスの内側からメンバーに働きかけるのをインサイド・ファシリテーション、またグループプロセスの外側からメンバーに働きかけるのをアウトサイド・ファシリテーションと私は呼んでいる。

すなわち、スケープゴート現象への対応として、加入プロセスにおいては、メンバーのひとりとしてグループの内に入ることによって、スケープゴートになることを避け、また共存プロセスにおいては、グループプロセスに巻き込まれスケープゴートになるのを防ぐために、グループの外に出ようと試みることになる。

## 4　グループ事例の提示

以下に紹介する事例は、私がファシリテーターとしてグループリーダーを行った心理的成長を目的としたグロースグループ（growth group）である。対象はメンバーと呼ばれ、全員が既に顔見知りの既知集団（学生）であり、リーダーであるファシリテーターだけが見知らぬ人（ストレンジャー）であるという、まさにスケープゴート構造のグループ体験であった。

全部で15セッションが実施されたが、ここでは、このうちの6セッションまでを、グループアプローチにおいて観察される共通のグループプロセスとして紹介する。6セッションを4つのグループプロセスに分け、リーダーであるファシリテーターの働きかけ（ファシリテーション・介入）を中心に述べる。

なお、読者は、各自の学派やグループ形態の言葉に置き換えながら読み進んでいただければと思う。たとえば、セラピーグループ（therapy group）に従事している読者は、ファシリテーターをセラピストと、メンバーをクライエントと読み替えていただきたい。

## グループによるメンバー受容プロセス

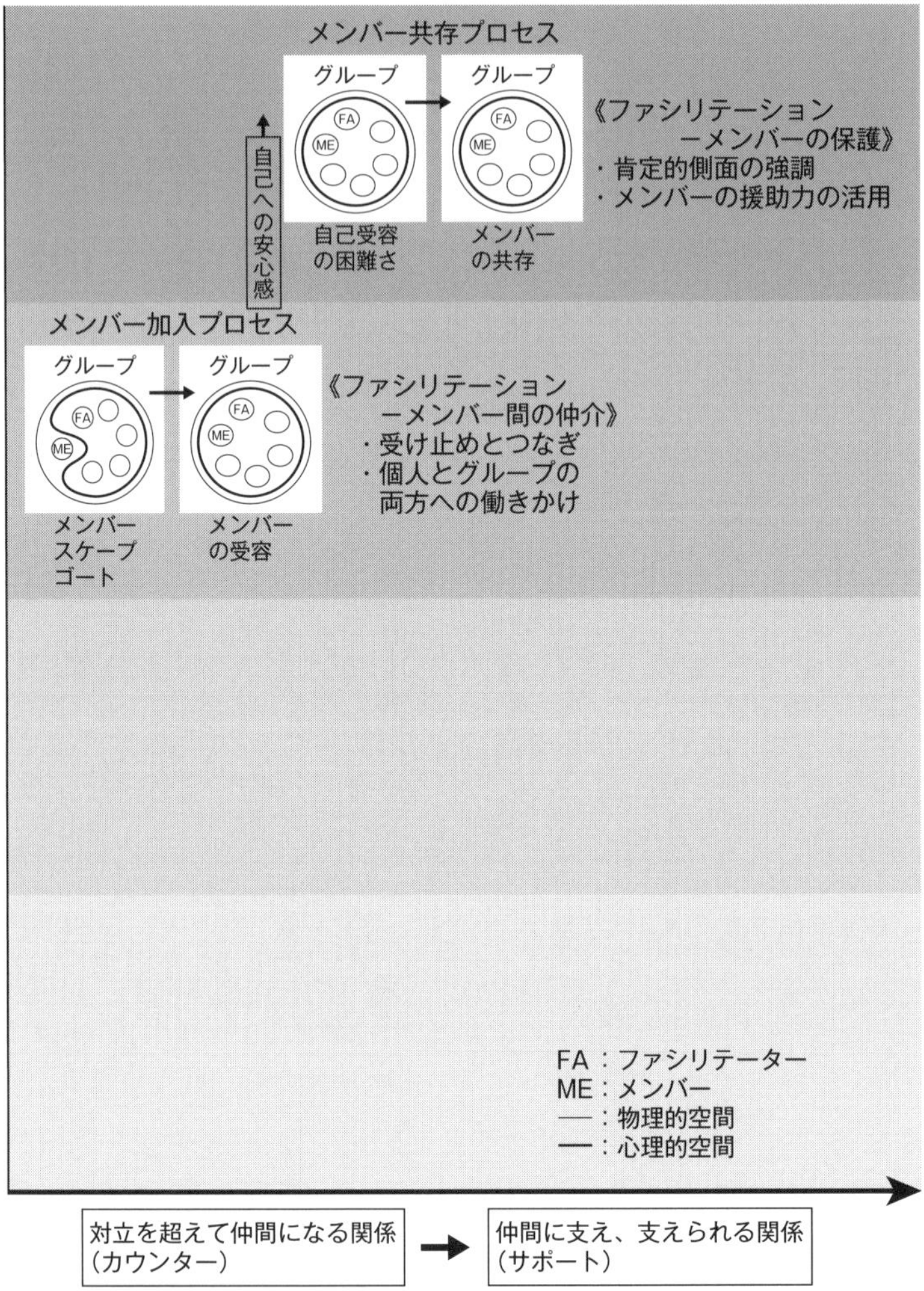
メンバー共存プロセス
グループ
グループ
《ファシリテーション
ーメンバーの保護》
・肯定的側面の強調
・メンバーの援助力の活用
自己への安心感
自己受容
の困難さ
メンバー
の共存
メンバー加入プロセス
グループ
グループ
《ファシリテーション
ーメンバー間の仲介》
・受け止めとつなぎ
・個人とグループの
両方への働きかけ
メンバー
スケープ
ゴート
メンバー
の受容
FA
ME
FA：ファシリテーター
ME：メンバー
─：物理的空間
━：心理的空間
対立を超えて仲間になる関係
（カウンター）
仲間に支え、支えられる関係
（サポート）

仲間体験の発展

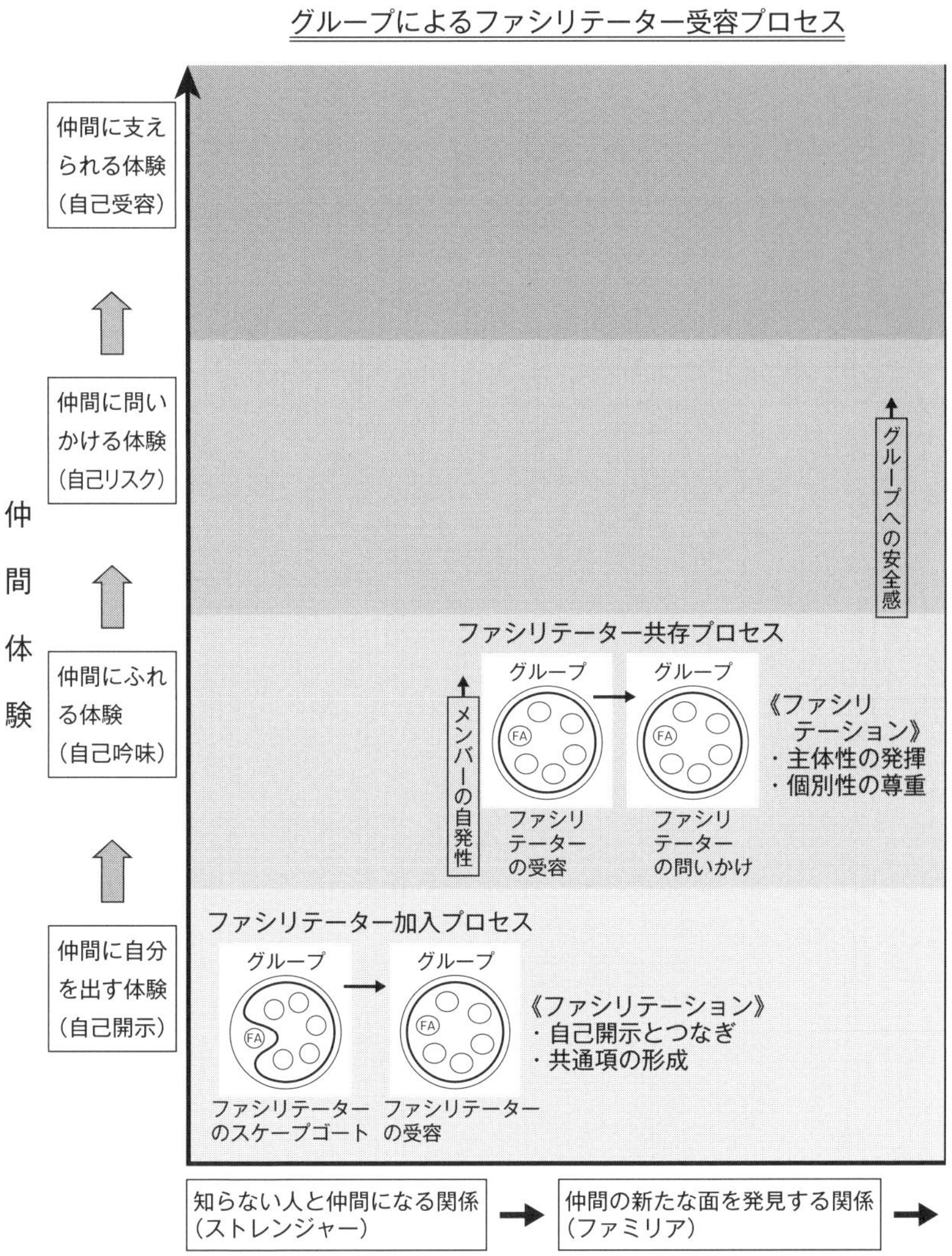
グループによるファシリテーター受容プロセス
仲間体験
仲間に支えられる体験（自己受容）
仲間に問いかける体験（自己リスク）
仲間にふれる体験（自己吟味）
仲間に自分を出す体験（自己開示）
グループへの安全感
ファシリテーター共存プロセス
メンバーの自発性
グループ
FA
ファシリテーターの受容
ファシリテーターの問いかけ
《ファシリテーション》
・主体性の発揮
・個別性の尊重
ファシリテーター加入プロセス
ファシリテーターのスケープゴート
ファシリテーターの受容
《ファシリテーション》
・自己開示とつなぎ
・共通項の形成
知らない人と仲間になる関係（ストレンジャー）
仲間の新たな面を発見する関係（ファミリア）

図１　仲間関係および

## 表1　仲間体験と仲間関係の発展

<table>
<tr><td></td><td colspan="2">グループによる<br>ファシリテーター受容プロセス</td><td colspan="2">グループによる<br>メンバー受容プロセス</td></tr>
<tr><td>1. グループの構造</td><td colspan="2">ファシリテーター 対 グループ<br>［ファシリテーター・スケープ・ゴート構造］</td><td colspan="2">メンバー個人 対 グループ<br>［メンバー・スケープ・ゴート構造］</td></tr>
<tr><td>2. グループの課題</td><td>ファシリテーターの加入</td><td>ファシリテーターの共存</td><td>メンバー個人の加入</td><td>メンバー個人の共存</td></tr>
<tr><td>3. メンバーのファシリテーター体験</td><td>仲間として試す<br>○一緒に？</td><td>仲間として迎える<br>○問いかける（特徴は？）</td><td>仲間として期待する<br>○頼る</td><td>仲間として支える<br>○肯定する</td></tr>
<tr><td>4. メンバーの仲間体験</td><td>仲間に自分を出す<br>（自己開示）</td><td>仲間にふれる<br>（自己吟味）</td><td>仲間に問いかける<br>（自己リスク）</td><td>仲間に自分を支えられる<br>（自己受容）</td></tr>
<tr><td>5. ファシリテーションの着目点（共通性と差異性）</td><td>同じ<br>（グループ全体）<br>○同じメンバーとして</td><td>違い<br>（メンバー個人）<br>○違いを持ったメンバーとして</td><td>同じ<br>（グループ全体）<br>○同じ仲間として</td><td>違い<br>（メンバー個人）<br>○違いを持った仲間として</td></tr>
<tr><td>6. 仲間体験のファシリテーション</td><td>自発的活動の尊重<br>○自分から動いてみる</td><td colspan="2">グループへの安全感の形成<br>○話せる雰囲気を感じる（思い切って言う）</td><td>自己への安心感の保護<br>○安心して語れる</td></tr>
<tr><td>7. 仲間関係のファシリテーション</td><td>グループ（仲間）に入るプロセス<br>○自己開示とつなぎ<br>○共通項の形成</td><td>グループ（仲間）のひとりになるプロセス<br>○主体性の発揮<br>○個別性の尊重</td><td>メンバー加入プロセス<br>○受け止めとつなぎ<br>○個人とグループの両方への働きかけ</td><td>メンバー共存プロセス<br>○肯定的側面の強調<br>○メンバーの援助力の活用</td></tr>
<tr><td>8. 仲間関係の発展</td><td>ストレンジャー（未知）を中心とした仲間関係<br>（stranger-peer-relationship）<br>○知らない人と仲間になる関係</td><td>ファミリア（既知）を中心とした仲間関係<br>（familiar-peer-relationship）<br>○仲間の新たな面を発見する関係</td><td>カウンター（対立）を中心とした仲間関係<br>（counter-peer-relationship）<br>○対立を超えて仲間になる関係</td><td>サポート（支持）を中心とした仲間関係<br>（support-peer-relationship）<br>○仲間に支え、支えられる関係</td></tr>
</table>

## （1）グループによるファシリテーター受容プロセス

### a．ファシリテーター加入プロセス

**〈働きかけ（介入）：自己開示とつなぎ、共通項の形成〉**

**第1セッション**　みんなが、もっと今よりも親しくなれればということで話が進んでいくが、ファシリテーターはメンバーに「「話題がないというか、みんなをよく知らない。僕もこの10人の中のひとりとして振る舞いたい」とメンバーに関わろうとする。

これに対してメンバーから「自己紹介か他己紹介をやるといいのでは？」との提案があり他己紹介が始まる。①最初にファシリテーターに対してメンバーから年齢やどんなことをしているのかなどの質問があり、相談業務に従事していることなどを答え、メンバーにつなぐ。メンバーは他己紹介へと移っていくが、その流れのなかで、複数のメンバーからグループ体験に対する「恐いイメージ」②が語られる。

メンバーのこれらの「恐いイメージ」に対して、ファシリテーターは「今、Aさんたちが恐いと言ったけれども、僕に対して恐さを感じる？」とグループに問いかける。Aさんから、「恐くないけど、まだ初対面で、なんとなく恐い（笑い）」との発言がある。このAさんの言葉を受けて、「僕はみんなの心を洗う役割をとろうと思ってない」とグループに臨む態度を明確に表明した。

ファシリテーターの表明を受け、メンバーから「言いたいことは言った方がいいと思う。恐れて言わなかったら、ふだんと同じではないか」との発言がある。この発言に対して、ファシリテーターは「この場はふだんと同じではないと思う。僕がここにいるわけだから。ふだんと同じというと、僕を除けた場所というイメージがある」③とファシリテーターを含めたグループであることを強調する。

ファシリテーターとのやりとりをとおして、メンバーのグループ体験に対する「恐いイメージ」は緩和し

たようであり、ファシリテーターも「グループに入る前は、恐いイメージがあったけど、今は安らいだ感じだ」と感想を述べた。

**第2セッション**　メンバーから「自分の性格、生い立ちについて語ろう」との提案がなされる。メンバーは「生い立ち、ないから（笑）」などと冗談を言いながら、小学校や中学校のときの自分を紹介する。メンバーは他のメンバーからどのように見られているかに関心があり、他のメンバーに自分は変わったかどうかを問う言動がさかんに見られた。

**第3セッション**の途中で、ファシリテーターに「生い立ちを話してほしい」と話が振られ、ファシリテーターは「僕だけが除け者にされるのではないか。よそ者としてみんなのなかに入れてもらえないのではないか」と不安であったことを語り、仲間に加えてくれたことを感謝した。ファシリテーターはグループに受け入れられたことを実感した。

なお、途中で、メンバーがプライベートなことを無理して話す危惧を感じた場面では「話したくないことは、話さなくていいと思う」とファシリテーターは口を挟んだ。

## b．ファシリテーター共存プロセス

**〈働きかけ（介入）：主体性の発揮、個別性の尊重〉**

**第4セッション**　ファシリテーターはメンバーの仲間関係に加入し、メンバー間の仲間意識は高まってきた。ファシリテーターに対して日常生活や男性としての質問などがあり、ファシリテーターはそれらの質問に答えながらセッションは進んだ。ただ、全体の雰囲気としては、第3セッションでの「自分」や「仲間」の話題のように、メンバーは強く関与しているというよりは、話が流れている印象であった。

**第５セッション**に入るが、話が流れている印象はいよいよ強くなり、ファシリテーターは、「僕の気持ちを聞いてほしい。僕としては、みんなと話題を共有したい。みんなの話に、どういう形で僕が関わるといいのかわからない」[④]とグループに問いかけた。

これに対してメンバーから、自分たちは閉鎖された世界で生活しているため話題が狭いことなどが話され「私たちの話題に違った目で言ってほしい」との要望が出される。ファシリテーターは話題の狭い広いではなく「僕を素通りしている感じだ」「みんなの話し方には、僕の意見をほしい感じがしない」と主張する。メンバーから、自分たちの話題はファシリテーターには「わかってもらえないのでは」という思いがあったことが語られる。ファシリテーターは「話題の内容はわからないこともあるかもしれないが、分かってほしいというみんなの気持ちはわかるつもりでいる」と自分の気持ちを強く訴えた。

結果として、メンバーは、病棟などの話をファシリテーターに説明するのは時間がかかるということで無視しようとしていたこと、また無理に自分に向き合うのも面倒だということで話を流していたことがグループで共有された。そして、メンバーには「このままでいいのか」という思いが、日常も今もあることがわかり、グループはメンバーが抱える「このままでいいのか」という不安と向き合った。メンバーはグループで考え「話を流す」感じはなくなった。そこでファシリテーターは「今は実習の話をしているけど、みんなの話したい気持ちがわかってきた。さっきは、わたしたちの日常生活って感じだったけど、今は私の話ということで話してくれている感じがする」と自分の気持ちを伝え、メンバーの主体性及び個別性が大切であることを強調した。

## （2）グループによるメンバー受容プロセス

### a．メンバー加入プロセス

〈働きかけ（介入）（メンバー間の仲介）：受け止めとつなぎ、個人とグループの両方への働きかけ〉

第6セッション　グループの話題はメンバー個人の性格のことに焦点が当てり、日常生活で話す機会のない弧立したメンバーを仲間として受け入れ始める。

Bさんから「自分はあまり話さない」ということが語られ、⑤ファシリテーターは「みんなのなかに入っていけないいってことかな。僕はBさんのふだんの様子を知らないけど、他のメンバーからみたら、どうなのかな」と他のメンバーに積極的につなぐことを試みる。⑥これに対して「あまり話したことない」「バカ話に付き合うよりも、自分の好きなことをしていたほうが楽しいって感じ」といったフィードバックがある。

Bさんは「高校まで他のひとと話さなかったので、楽しいというよりも逃避している感じがする」と応じる。「話してみたいと思わない？」との問いかけに「話したいのに話せない。どんな話題かが、わからない」とBさんは困った様子であった。他のメンバーから「話さないから、なおさら、わからないのでは？」「何も話さないとね。数段、高いところから見られているようだ。」などの声がかかる。Bさんは、「自分でも何を考えているかわからない。でも、笑い顔つくったりしながら」とかろうじて答えた。

以上のようなメンバー間のやりとりにファシリテーターは「みんなのなかに入っていきたい気持ちをBさんに感じる。みんなと違った高校時代が負い目になっているのかもしれないけど、今はみんなのなかに入りたいって感じを僕はBさんに受ける」⑦と強く支持する発言を行う。

しばらくして、他のメンバーから「勘違いしていた。自分の世界をつくっておきたいのかなと思っていた。それで話しかけないようにしていた」と発言があり、「これからは話しかけるけど、私にも話しかけてね」と

Bさんに声がかけられる。この後、別のふだん話さないメンバーから「自分も話すことが苦手な面がある」と、自分の場合が紹介される。ファシリテーターは「違う話だけど、Bさんを励まそうとして、自分のことを話してくれているような気がする」と発言し、他のメンバーとの間を取り持とうと試みる。

### b．メンバー共存プロセス

**〈働きかけ（介入）（メンバーの保護）：肯定的側面の強調、メンバーの援助力の活用〉**

**第6セッション**　メンバーは出来上がったグループでの仲間関係を支えに、日常での「見放された」体験に焦点を当てて話し合った。

Cさんは「最近は見放されたのではと心配していた」と訴え、他のメンバーから日常の学校生活に「あの人は、ああいう人だから、放っておけばいいのよ」という雰囲気があり「私自身も、そう思うことがある」と語った。そして「こんなふうに話す機会がないし、真剣に考えることがなかった」と語り、他のメンバーも頷いた。そしてCさんに「絶対、見放してないからね」と声がかけられた。グループはどうしたら日常で孤立しがちなメンバーを「放っておく」のではなく、仲間に加えることができるかを模索した。

途中でメンバーは「すごく悪いことを言ってしまった。相手の立場であれば、あんなことは言えない。押しつけだった」と自己の発言の否定的側面に敏感になった。これに対してファシリテーターは「僕は押しつけられているようには受け取らなかった。Dさんは違った見方を提示してくれたのだと受け取ったけど。他のひとはどうですか？」[8]と自分の気持ちを表明したうえでメンバーの視点が肯定的側面に向くように何度か働きかけた。

話し合いのなかで、あるメンバーは「今まで話せなかったのが、急に話せるようになるというのは勇気がいる。話せない自分の性格が嫌だった」と自分が話せるようになってきた体験を涙ながらに語った。また別のメンバーは、「どのようにしてあげたらいいかわからない。できることは、全員に話しかけたりしなくてもいいから、ひとりでもいいから話すようにすることかな」と提案した。メンバーは、以上のようなグループ体験をとおして、弧立しがちなメンバーを仲間として受け入れ仲間関係は強くなっていった。

## 5 見立てと働きかけ〈介入〉をつなぐ工夫

### (1) プロセス促進のための工夫

#### a．ファシリテーター加入プロセス〈工夫：ひとり二役の自己開示〉

ファシリテーターが、事例の下線③のように、同じメンバーとしてグループに加入しようと試みるプロセスであり、ファシリテーターはメンバーの自己開示をメンバー間に「つなぐ」働きかけを行う。とくに、このときに大切な工夫は、ファシリテーターは自己を開示するだけでなく、その自己の開示をメンバーにつなぐという「ひとり二役」の働きかけが求められる〈安部　２００６〉。このことによってファシリテーターはグループに加入することが可能となり、事例の下線②のように、グループ体験に対する「恐さ」といった共通項〈共通性〉をメンバー間に見出すことができる。そのことによってグループとしての凝集性は高くなり、メンバー間の仲間意識も強くなる。

#### b．ファシリテーター共存プロセス〈工夫：グループに問いかける〉

ファシリテーターが、違いをもったひとりのメンバーとして主体性〈個別性〉を発揮するプロセスである。ファシリテーターはグループのなかにメンバーとして加入しようとすればするほどグループに巻き込まれてしまい、スケープゴートになる危険性に直面する（安部　２００３）。メンバーのひとりになると、グループとともに流され、ファシリテーターとしての自己を見失うことにもなりかねない。そのため、ファシリテーターは、事例の下線④のように「僕の気持ちをきいてほしい」と自己を主張し、グループに問いかけることが大切となる。ファシリテーターは、グループに自己を問いかけ主体性を発揮することによって、グループに自己が埋没しスケープゴートになることを避けるのである。

### c．メンバー加入プロセス〔工夫：個人の味方になる〕

ファシリテーターは、同じ仲間としてメンバー個人とグループ全体の両方に対して、発言を受け止め、つなぐ働きかけを行う。とくにファシリテーターは、下線⑦のように、メンバー個人が、グループ全体から孤立しスケープゴートに遭うことがないよう、下線⑦のように、自己を開示し始めたメンバー個人の味方となる介入が求められる。とくに、この場合に大切な工夫はメンバー個人の味方にもなるが、グループ全体への働きかけも忘れないことである。スケープゴートは多数派であるグループ全体にファシリテーターが与することによって引き起こされるが、メンバー個人だけにファシリテーターが味方することも、同様に、スケープゴートを生起させうるからである。

### d．メンバー共存プロセス〔工夫：肯定的側面を強調する〕

ファシリテーターは、違いを持った仲間としてメンバーの肯定的側面を強調し、事例の下線⑥のように、メンバーの援助力を活用する。このメンバー共存プロセスでは、とくにメンバーは日常の仲間関係や自己をみつめる過程で、仲間関係や自己の肯定的側面よりは否定的側面に敏感となりやすい。その結果、メンバー個人は、仲間の否定的側面を許容することができなくなって、メンバーをスケープゴートにしてしまうことにもなりかねない。したがって、ファシリテーターはその場合、事例の下線⑧のように、メンバーを強く支持しながら、肯定的部分に目を向けることができるよう働きかけを行う。

## (2) プロセス移行を促進するための工夫

プロセス移行とは、ひとつのプロセスから次のプロセスへ進展することであるが、このときに、グループは不安定となり、その不安定さを解消するために個人を犠牲にするスケープゴートが発生しやすい。私は以下のような項目を指標として注目し、次のプロセスへと円滑に促進する工夫をしている。

a．ファシリテーター加入プロセスからファシリテーター共存プロセスへの移行の指標として「メンバーの自発性」、b．ファシリテーター共存プロセスからメンバー加入プロセスへの移行の指標として「グループの安全感」、c．メンバー加入プロセスからメンバー共存プロセスへの移行の指標として「自己の安心感」を、プロセス移行を見立て、働きかけるための指標としている。以下、これらを簡単に説明する。

### a．メンバーの自発性

「ファシリテーターのための8原則」（安部　2010）で取り上げたように、メンバーが発言の機会を持ちえているかどうかが、メンバーの自発性を見立てるための目安となる。とくに、事例の下線①のように、メンバーからの提案はどのようなものであっても、私は極力、尊重し受け入れるようにしている。提案によっては「面白くない、つまらない」と他のメンバーから拒否されることが起こりうるが、その場合も私は提案者を支持するようにしている。というのも、メンバーが提案というかたちでグループに自分を出すことは、ファシリテーターが自分を受け入れてくれるひとであるかどうかを試す意味も、含まれていると理解するからである。

### b．グループの安全感

次に、メンバーは、事例の下線⑤のように仲間に自己を開示するなかで、自分を受け入れてくれるグループであるかどうかグループの安全感を試す。とくに日常で孤立感を味わっているメンバーにとっては、受け止められるかどうかわからないリスクを冒しながらのグループへの挑戦となる。このグループは、自分を無視したり抑制したりするのではなく、許容的に促進的に受け止めてくれるグループなのかどうか。これらのメンバーの試しを、ファシリテーターは主体性を発揮して受け止めることによって、スケープゴートとしてではなく仲間としての安全感の醸成をグループに試みる。

### c．自己の安心感

さらに、グループの安全感を得たメンバーは、これまで自分だけでは受け止めることが困難であった、どちらかといえば、自分で自分をスケープゴートにしていた自己の「問題」に取り組み始める。すなわち、グループの仲間（ファシリテーターを含む）にフィードバックをとおして受け止めてもらったことを、自分自身で受け止めようと自己に挑む。このときにファシリテーターは、グループ全体とメンバー個人の両方に働きかけて、事例の下線⑧でも言及したように、メンバー個人が否定的な側面だけではなく肯定的側面に視点を向けることによって、自己に安心感がもてるように保護する働きかけを行う。

なお、以上のプロセス移行のファシリテーションについては、第4章において、スケープゴートプロセスから自己進展プロセスへの移行期のファシリテーションとして、円環的フェイズ論のなかでも述べている。

## 6　まとめ　スケープゴート構造とグループリーダーの役割

現実の場でスケープゴートとなり傷ついた人々を、グループ体験の場で、再びスケープゴートすることによって傷つけてはならないであろう。そのための見立てと働きかけ（介入）、及びそれらをつなぐ工夫として、グループ構造とグループプロセスに着目したグループアプローチを述べた。

まとめると、ファシリテーター（セラピスト）としてのグループリーダーに求められる工夫としては、1．グループ全体がメンバー個人を受容するという視点をもつこと、2．グループメンバー間の共通性を発見すること、3．グループプロセスのインサイド及びアウトサイドスタンスから柔軟な働きかけを行うこと、であった。また、プロセス移行においてグループプロセスを見立てる指標として、1．自発性の尊重、2．グループの安全感、3．自己の安心感、に働きかけることによって、メンバーをスケープゴートにしない工夫が可能であることを指摘した。

### 文献


安部恒久（２００３）グループリーダーをめぐる諸問題――エンカウンター・グループのファシリテーターの立場から――　集団精神療法　19　29－33

安部恒久（２００６）エンカウンター・グループ　仲間関係のファシリテーション　九州大学出版会

安部恒久（２０１０）グループアプローチ入門　誠信書房

Scheidlinger, S.（1982）Presidential address: on scapegoating in group psychotherapy *International Journal of Group Psychotherapy* 32 131-142

Toker, E.（1972）The Scapegoat as an essential group phenomenon *International Journal of Group Psychotherapy* 22 320-332

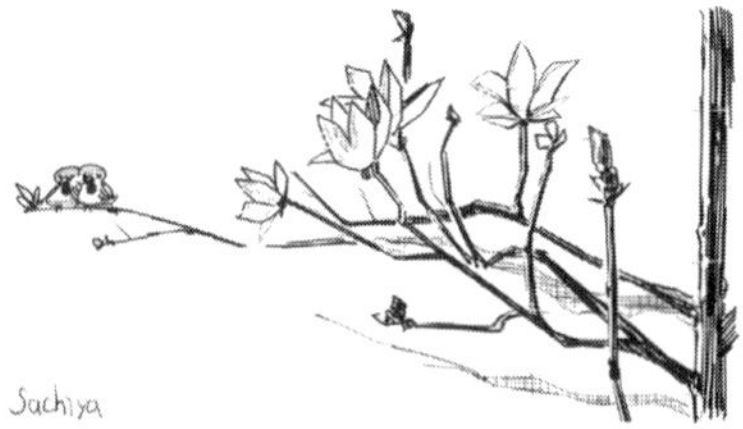
Sachiya

# 第4章 スケープゴートプロセスから自己進展プロセスへ

## 1　はじめに

グループアプローチは、本来、メンバー個人がグループ全体から支えられることによって、自己成長（あるいは治癒）を目指すグループ体験である。しかしながら、そのような支える意図とは反対に、「グループ全体」のために「メンバー個人」が犠牲になるスケープゴートという現象がグループ構造から起こりうることを、第3章において、述べた。

本章では、グループ体験におけるスケープゴート現象は、それを予防するだけのものとして取り扱うのではなく、むしろ自己の成長プロセス、すなわち自己の進展として捉えようとするものである。この現象を理解するにあたって、心理的成長へと促進されうる自己の進展プロセスとして捉えてみてはどうかというのが、筆者の主張である。

したがって、ファシリテーターの働きかけは、このスケープゴートから自己成長へ向けての自己の進展プロセスを促進するものとして論を進める。

以下では、まずスケープゴートの定義と様々な領域における接近を述べる。次に、これまでのスケープゴートに関する研究をグループプロセスと個人プロセスの2種類に分け、それぞれのプロセスにおける自己を進展させる難しさに言及する。

最後に、スケープゴートプロセスから自己進展プロセスへと促進するためのファシリテーターの課題を検討する。

なお、本論では、「自己実現」という言葉は一般的で大きすぎるので、下位概念として自己実現へ向けたグループ体験における個人の行動を「自己進展プロセス」と呼び、用いることにしたい。

## 2　スケープゴートの定義と様々な領域における接近

スケープゴートとは、Walrond-Skinner（1986）によると、家族あるいは他のグループの一員であって、別のメンバーがこうむった非難や労苦を肩代わりする者のことであり、こうした現象は、家族や集団プロセスの一部として一般的に認められ、メンバーの一人を疎外し追放することで、グループの緊張やストレスがやわらぐことであると指摘されている。

スケープゴートは、これまでに様々な領域において取り上げられており、代表的なものは、旧約聖書レビ記において贖罪（犠牲の山羊）として記述されているように、宗教の領域であろう。宗教は、政治とのからみで、不作、疫病、悪天候などの場合に、いわゆる「まつりごと」にともない、女性を魔女とするなど様々なスケープゴートをつくりだしてきた。これらのスケープゴートについては、文化人類学の分野では、Frazer によって The Golden Bough（金枝篇）として膨大な著作（1890-1936）がまとめられている（Frazer 1963）。

集団心理療法の領域では、Toker, E.（1972）によって、集団心理療法において必須のグループ現象であり、メンバーだけでなく、セラピストにとってもスケープゴート現象は逃れ得ないものであることが指摘されている。また、Scheidlinger（1982）は集団心理療法においてセラピストがグループへの患者の自己の投影を理解し、治療を進めていくうえで重要な現象であることが言及されている。さらに、Yalom（1995）はよく知られた彼の対人関係を強調した集団心理療法の教科書において、スケープゴートについて取り上げ論じている。

ところで、人間性心理学の領域においては、とくに米国における１９６０年代の人間性回復運動において、人間性の回復という大きな枠組みのなかで、エンカウンターグループ・ムーヴメントとして、スケープゴートは取り扱われたように思われる。そのことは、臨床心理学が不適応を単に個人の問題としてだけではなく、個人を取り巻く社会全体の問題として考えるように求めたことと軌を一にしており、自己実現の心理学やセルフヘルプ・グループ（高松　２００４）を生み出す機縁ともなったと考えられる。

## ３　グループ体験におけるスケープゴート現象の研究

グループ体験におけるスケープゴートを考えるために、これまでのスケープゴート研究をとりあげ検討したいところであるが、これまでの研究は、エンカウンターグループ（村山　２００５）などのグループ体験の場合には、グループ体験自体が自己成長を目標としているため、どちらかといえば、成功したメンバー個人の事例に焦点が当てられている場合がほとんどである。

たとえば、野島（１９７５　１９７８）は、Ｙさん及びＡさんの事例を報告し、福井（１９７９）は、個人事例とリサーチ（ＰＯＩ）に関して、グループ体験において著しい成長を示す個人の事例（case H, case S）

を取り上げ、自己実現へ向かう成長への価値選択の決断について考察を試みている。また、平山（１９９８）は、グループ体験と個人の心理的成長過程ついて、個人の心理的成長過程を測定するためのスケールを開発し、個人過程の成長モデルを提示している。さらに、坂中（２０１２）は、Rogers の三条件の観点から、エンカウンター・グループ関係認知スケールを作成し、心理的成長度（自己実現の変化）の高いメンバーは三条件総合が高いことを明らかにし、建設的人格変化の必要条件を定式化するとともに、中核三条件からみた実践への示唆を考察している。

したがって、メンバー個人のスケープゴート体験については、グループ事例に関するケースカンファレンスやスーパーヴィジョン等で聞くことはあっても、メンバー個人に焦点をあてた研究は、メンバー個人のプライバシー保護の観点からも実際には見出しにくいのが現状である。論文名にスケープゴートを付しているのは、金子（２００６）の研究だけであるが、メンバー個人のスケープゴート体験ではなく、グループプロセスにおけるスケープゴート現象に焦点があてられている。

ところで、本論では、スケープゴートという用語を、グループプロセスにおける場合にはスケープゴート現象と、また個人プロセスにおける場合にはスケープゴート体験と呼び、区別して使用することにする。なお、両方の意味を含んで用いる場合には、単にスケープゴートと述べる。

以下では、スケープゴートを自己進展プロセスへと促進するためには、どのような難しさがあるのかを、グループプロセスと個人プロセスの二つに分け、それぞれのプロセスにおける自己実現の難しさを、安部（２００６　２０１０）の仲間関係の形成を参照して述べる。なお、ファシリテーターという言葉にはセラピストの意味を含めて使用することとする。

## 4　グループプロセスにおける自己進展の難しさ

メンバー個人が、グループ体験において仲間関係形成のグループプロセスに参加する場合には、加入プロセスと共存プロセスのふたつのグループプロセスにおける難しさに直面し、加入プロセスでは（1）見知らぬメンバーと仲間になる難しさ、（2）対立を超えて仲間になる難しさ、また、共存プロセスでは（1）仲間の新たな面を発見する難しさ、（2）仲間に支え、支えられる難しさ、を体験することになる。

以下では、以上の4つの難しさとともに、それらに対するファシリテーターの若干の働きかけについても述べる。

### （1）「私（自分）」がグループプロセスに加入する難しさ

#### ①見知らぬメンバーと仲間になる難しさ

グループ体験の目的は、もともと見知らぬメンバーと知りあいになり、「出会い」と呼ばれる深い体験をすることとされるが、見知らぬメンバーと知り合いになることは、そう容易なことではなく、難しい面をもっている。なによりも、見知らぬメンバーと仲間になり仲間に加えてもらうためには、自分とグループを「つなぐための共通項」が必要であるが、それをどのように発見することができるのか。したがって、通常、初対面であれば自己紹介などを通してお互いの共通項を発見しようと試みるのであるが、グループ体験の場合には、どのように自己紹介を進めるとよいのかを模索することから始まる。メンバーは模索するグループプロセスのなかで、同じ目的で参加しているという動機の面だけでなく、同じ職種であったり、同じ地域から参加していたりなど、お互いをつなぐ「何か」を発見しようと試みる。このような自己（自分）を他のメンバーにつなぐ自己開示を経て、お互いの関係は見知らぬ関係（ストレンジャー）から、お互いの関係を吟味する知り合いの関係（ファミリアー）へと変化する。

したがって、ファシリテーターはそのためにメンバー間の共通項を取り上げ、メンバーが「知り合い（ファミリアー）」になるのを手助けし、促進する。

### ②対立を超えて仲間になる難しさ

メンバーは、何人かの他のメンバーと知り合いになることはできたとしても、知り合いになった何人かの仲間を超えて、さらに仲間を増やすことは出来るだろうか。たとえば、「セッションで何をするか」といった議論になったときに、「もっと話したい」という数人のメンバーと「話すのは疲れたので、少し休みたい」という数人のメンバーに意見が分かれ、対立してしまうことはグループ体験ではよくあることである。

この場合に、メンバーである「私（自分）」は、数人の仲間（サブグループ）で共有されている感じ方や考え方を、セッションでの討論を通して修正し、他の仲間（サブグループ）と協調することができるかどうか試されることになる。

また、すでにサブグループが出来上がっているようなグループ体験の場合には、メンバーである「私（自分）」はグループプロセスに入ることがいっそう困難となる。通常、参加するメンバーは全く知らないひとだけが参加しているグループ体験に参加することは少なく、ある程度、ファシリテーターやメンバーなどに知り合いがいるグループ体験を選んで、参加しやすい。しかしながら、それらのグループ体験で、サブグループとして、すでに仲間関係が入りにくいほどに親密に形成されている場合には、未経験者や顔見知りでないメンバーはグループプロセスに入ることが難しくなる（岩村　１９８５）。

したがって、いずれの場合においても、ファシリテーターはサブグループの「間（あいだ）」に、あるいはグループ過程に入れないメンバーである「私（自分）」とグループの「間（あいだ）」に位置して、メンバー間をつなごうと試みる。

## （2）「私（自分）」がグループプロセスに「共に」居る難しさ

### ①仲間の新たな面を発見する難しさ

グループ体験では、日常の人間関係（たとえば「いじめ」など）が、グループ体験の場に持ち込まれ、グループ体験の場の人間関係のなかで繰り返される場合がある（高橋　２００３：金子　２００６）。このような場合、なぜ日常の人間関係がグループ体験の場に持ち込まれるのかといえば、グループ体験の場が、日常の人間関係を修正し、誤解を解く機会になりうるからである。日常の場面では人間関係を修正したり、誤解を解いたりといった機会を持てない場合が多い。しかしながら、じっくり話すことができるグループ体験の場だからこそ、仲間の新たな面を発見し、人間関係を修正し、誤解を解くことが可能となるのである。

メンバーは、グループの場に、実際には、いっしょに居るのであるが、スケープゴートとなっている場合には、心理的には、その場に、いっしょに居る実感を持つことができない場合が多い。したがって、ファシリテーターはメンバーである私がその場にいっしょに居る実感をもつことができるように、そのメンバーの味方となり、他のメンバーとの和解を促進し、支援を行うことになる。

前の章で紹介した事例がひとつの例である。Ｂさんの場合、日常生活のなかでは、誰とも「付き合いたくない人」として誤って理解されてしまっており、本人としてはそうではなく、もっと「他のひとに関わりたい」のだが、そのキッカケが見いだせないのである。

グループ体験は、そのように流されてしまっている日常をストップし、今の人間関係を振り返り、修正し誤解を解く機会を提供する。

**②仲間に支え、支えられる難しさ**

グループ体験において、メンバー同士がそれぞれの話に耳を傾けたり、頷いたりなどして話題を共有できているときには、グループ過程においてメンバーがお互いを支えたり、支えられたりすることは、それほど難しいことではない。しかしながら、グループ体験において、職種に特有の話題が頻出したりなどする場合には、メンバーは話題についていけなくなり、「いっしょに」という感覚を共有することが難しくなる。結果として、一部のメンバーはグループでの話題（グループプロセス）から「おりる」ということが起こる（野島　２０００）。

また、グループでの話題があまりに個人的体験である場合にも、同様のことが起こる。いわゆるメンバー個人の「重たい」話題などは、受け止めるだけの余裕がグループプロセスにおいて生まれてからでないと、支え、支えられる関係になることは難しい。さらに、個人的な体験で通常の理解を超える場合も同様である。そのメンバーにとっては大切で貴重な体験であっても、他のメンバーから見ると、どのように理解してよいか戸惑うような個人的体験は、グループプロセスのなかで、受け止められることは難しい。

この場合にファシリテーターは、「いっしょに」ということを共有できていないメンバーに対して、「いっしょに話題に参加したい」という問いかけを行うことができるように働きかけ、また、メンバーが個人的体験であるがゆえに、他のメンバーから理解されない心理的落胆を支えながら、グループプロセスにおいて、どのようなかたちで共存することが可能なのかをそのメンバーとともに模索する。

## ５　個人プロセスにおける自己進展の難しさ

メンバー個人が、グループ体験において仲間体験を通して自己（個人プロセス）を進展させるためには、「自己開示」「自己吟味」「自己リスク」「自己受容」の四つの体験（難しさ）に直面することになる。

### （１）「自己開示」の難しさ

グループの場に自分を出すとは、自ら発言することであり、また自ら話題を提供することであるが、どちらにしても、自分をグループにさらし、グループのみんなの視線を集めることに他ならない。結果として、自分を開示することは、当然のことながら、メンバー個人である「私（自己）」に怖さや恥ずかしさなどの情緒的体験を強いることになり、「沈黙」したり、あるいは逆に自分を出しすぎて饒舌になったりなど、「適度に」グループに自分を出す難しさを体験することになる。とくに、青年期のグループ体験では、グループの発展プロセスにおいて自分を出すことは、自己の否定的な側面に敏感になり、自分を出す怖さのために自分のなかに閉じこもり、沈黙を続けるといった特有の現象が起きやすい。

### （２）「自己吟味」の難しさ

メンバーは、自己を開示し発言したとしても、他のメンバーが必ずしもその発言を受け止めてくれるとはかぎらないために、本当に、受け止めてもらえるかどうかわからない不安を体験することが多い。自分の発言を他のメンバーに受け止めてもらうことによって、すなわち、どのように受け止められたかによって、メンバーの個人過程としての自己吟味は始まる。したがって、まずは受け止めてもらうことが求められるが、メこの場合、受け止める側（Verhest 1995）と受け止められる側のふたつ問題が考えられる。受け止める側の問題としては、①共感性（感受性）の能力、②誰が受け止めるのか、③話題の軽重といったことが難しさとして存在する。

また、受け止められる側の問題として、①言い方にどのくらい気持ちがこめられているか、②誰に伝えようとしているのか、③話題の出し方の上手（下手）といったことが、グループで受け止めてもらえるかどうかの難しさとして挙げられる。

### （3）「自己リスク」の難しさ

グループで自己を賭けてみる体験を行うことを「自己リスク」体験と筆者は呼んでいる。グループ体験では、自分を出すことは受け止められたとしても、また受け止められなかったとしても、スケープゴートになるリスクをともなう。しかしながら、グループ体験では、あえて自己を突出させ、自己を主張するリスク体験こそが自己を進展させるかどうかの鍵体験となる。すなわち、メンバーである私が、グループの場でのヨコ並びである「みんな同じ」といった状況から抜け出し、あえて自分を目立たせて異質な行動をとることは、自己進展へ向けての自己成長過程の始まりとして理解することが可能だからである。グループ体験では、メンバーである私は、自己（自分）をグループに埋没させるのではなく、「自分を賭けてみる」体験を通して自己を進展させるのである。

### （4）「自己受容」の難しさ

個人過程における自己受容の難しさは、「自己（自分）」へのグループからのフィードバックを受け止める難しさと言い換えてもよいだろう。

グループ体験の特徴として、メンバーである私は、他のメンバーからのフィードバックを自己（自分）の成長や進展にどのようにつなげることができるかということが挙げられる。しかしながら、他のメンバーからのフィードバックを受けるということは、私である自己（自分）にとっては緊張を強いられる体験である。というのも、肯定的なフィードバックだけではなく、否定的なことを言われる場合も覚悟しなければならず、そのことを予期するからである。すなわち、私たちは否定的な自己（自分）を、どのように受け止め、受け入れることが出来るかについて、日常生活において腐心しており、受け止めるだけの自信がもてないのが現状であろう。

したがって、メンバーである自己（自分）は、被害的な不安や恐怖心を呈するなど、フィードバックを受けることに難色を示し、個人過程として自己を進展させることが困難な体験となる場合も起こりうる。

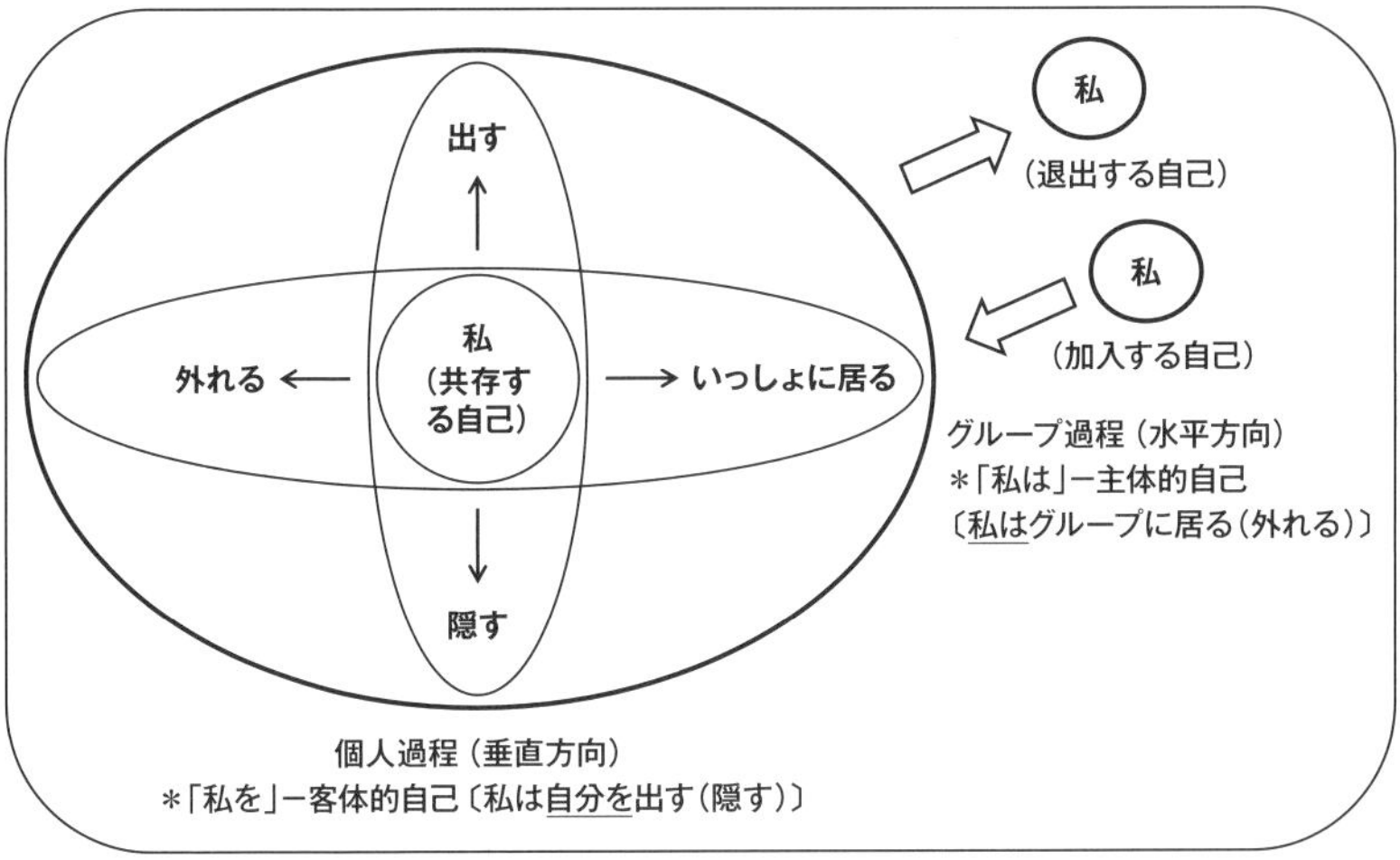


図２　グループ体験における自己進展プロセス

## 6 自己進展プロセスの方向性―グループプロセスと個人プロセス―

図2は、メンバーである「私」が、グループ体験のなかに入り、「私（自分）は」という主体的自己と「私（自分）を」という客体的自己を進展するプロセスを図示したものである。「私（自分）は」という主体的自己は、「**私は**グループに居る（あるいは外れる）」という表現にみられるように、グループプロセス（水平方向）において進展を試みる「私（自己）」であり、一方、「私（自分）を」という客体的自己は「私は**自分を出す**」という表現にみられるように、個人プロセス（垂直方向）において進展を試みる「私（自己）」である。

以上のように、メンバーである私（自己）のスケープゴート体験を自己進展プロセスへと促進するとき、グループプロセスでの「主体的自己」と個人プロセスでの「客体的自己」を交差させて2方向から自己進展プロセスを捉えることが可能なのではないかと考えられる。

## 7 ファシリテーターの促進的態度

ファシリテーターはグループ体験をどのように受け止め、展開することで、自己進展プロセスの促進が可能となるのであろうか。これまでの私自身のファシリテーター体験から、現在のところ考えていることを述べたいと思う。

なお、ファシリテーターの促進的態度を中心に述べるが、スケープゴートを自己進展プロセスへと促進することは、ファシリテーターだけではなく、ファシリテーターおよびメンバーとの相互性およびそのことを含めたグループの全体性がこのことを可能すると思われる。

## （１）自発性を尊重した安全で安心な場づくり　「私（自己）」の居場所づくり

ファシリテーターには、グループ体験の場が「安全で安心な」居場所となるような場づくりが求められるが、とくに、スケープゴートから自己進展プロセスへの移行を促進する場合には、「自発性の尊重」が求められる（安部　２０１３）。メンバーがグループの場にどのように居るかという在り方（a way of being）は、メンバーのグループ体験での私（自己）の在り方を表現している場合が多く、たとえば、セッションにおいて沈黙を続けるメンバーがいたとしても、そのようなセッションでのメンバーの沈黙は、「私は沈黙していたい」というグループ体験でのメンバーの「私（自分）」の在り方を示していると理解することが可能である。

したがって、安部（２０１５）がグループアプローチにおける２つの無条件の積極的関心として指摘するように、①グループから「出て行け」とメンバーを排斥しないで共存を目指すこと、および②メンバーが自己を探求し進展しようとする過程において、どのような場合でもメンバーの味方になること、のふたつの態度をファシリテーターは維持し、メンバーの沈黙する「私（自己）」を尊重することが大切となる。

このことは、ファシリテーターには、メンバーの「意外な反応（行動）」を受け止める柔軟さが求められると言い換えることが出来るかもしれない。「グループ体験に参加しているからには、何か話すことがあるのでは」と推測し、ファシリテーターはどちらかといえば、メンバーに発言を期待する態度で対応しやすい。

しかしながら、そのようなファシリテーターの発言を期待する態度はメンバーをその場に居づらくするものであり、むしろ、ファシリテーターには沈黙を許容する柔軟さが求められるだろう。すなわち、ファシリテーターは自分が予測していないことがグループのなかで起こったときにこそ、そのことをメンバーの「私

（自己）」の表現として尊重する。なぜなら、ファシリテーターはそのような予期せぬことでさえも「私（自己）」の表現として受け止めることができるかどうかを、メンバーから試されていると言うことができるかもしれないからである。

## （2）「違い（差異性）」を受容できるグループづくり　バランス感覚

ファシリテーターは、通常、メンバー間の「同じ（共通性）」を発見し、そのことをつなぐことによってグループとしてのメンバー間の仲間関係を強めようと試みる（安部　２０１０）。したがって、この場合、ファシリテーターはどちらかといえば、「違い（差異性）」を排除したり、無視したりすることになりやすい。しかし、このグループの仲間関係を強めようとするときに、単に「同じ（共通性）」だけでグループの仲間関係を形成しようとすることは、グループ体験の場合には、むしろ自己の進展のための貴重な側面を失う危険性が高い。

すなわち、グループ体験の場合には、私とあなたの「同じ（共通性）」な側面だけでなく、私とあなたの「違い（差異性）」という側面からも、メンバーは自己の進展のために多くのことを学ぶことが期待されるからである。そもそも、他のメンバーという「他者」の存在そのものが、自己（自分）とは「違う」存在なのである。したがって、グループ体験においては、自己と他のメンバーとのより深い出会い体験は、自己の「同じ（共通性）」という側面を通してだけでなく、お互いの自己の「違い」を含めて達成されると言うことが出来るだろう。違う自己であるがゆえに、お互いは離れるのではなく、違いをもった自己であったとしても、そのことはお互いが離れる理由にはならず、むしろ、お互いを強くむすびつけ、お互いの自己を進展させうる、という関係こそが「出会い」と呼べるものかもしれない。

したがって、ファシリテーターには、自己の「同じ（共通性）」という側面だけでなく、自己の「違い（差異性）」という側面を含めて個人及びグループ全体をみるバランス感覚が求められる。

### （3）メンバー個人とグループ全体の両方への働きかけ　複数の視点

ファシリテーターには、メンバー個人だけでなく、またグループ全体でもなく、それら両方への働きかけが求められる。野島（2000）は二つの視点・二つの技法と呼び、そのことを指摘しているが、グループ体験のなかに入ると、個人かグループかどちらかに偏ってしまい、ファシリテーターの癖が出てしまいやすい。通常は、個人セラピーに従事している場合には、どちらかといえば個人を中心に、またグループでの訓練や教育などを主な仕事としている場合はグループを中心に関わることになる。

したがって、自己進展プロセスを生み出すためには、日常の自分の仕事の性質とは逆の視点をもち、いくつかの方向や可能性を選択する複数の視点をファシリテーターが持ちえているかどうかが、問われるであろう。

どうしても自分だけで難しい場合には、気のあった専門家と共同でファシリテーターを組むとよいのかもしれないし、通常、セラピーグループでは、心理士や医師や看護師や作業療法士などの専門家同士が2人一組で共同してグループセラピーやグループカウンセリングを実施する場合が多い。この場合、異なった職種同士が組むこと自体が、すでに異なった複数の視点をグループ体験のなかに持ち込むことになり、その異なった複数の視点を専門家同士がどのように、グループ体験において自己進展プロセスを生み出すために活用しうるかが課題となるであろう。

## （4）「スケープゴート自己」との出会い　内なる「自己」との共存

どのようなグループ体験が、長い時間の経過を経ても、メンバーのなかに持続して残り、そのひとの人生に影響を与えていくことになるのだろうか。

そのような影響力を持ったグループ体験とは、メンバーがグループ体験のなかで、他のメンバーに強く出会うとともに、自分自身のなかでも、自分のなかの自己（私）に出会った体験をしたときではないかと思われる。すなわち、そのことはスケープゴートの文脈で言うとすれば、メンバー自身が、自分の内で、それまで受け入れることが困難で排除（スケープゴート）していた自己（自分）と出会うことと、言い換えることができるかもしれない。

したがって、メンバーは自分自身では実感することはできても、必ずしも、そのことを他のメンバーに言葉で伝え、共有できるものではないだろう。そのメンバーにだけ、身体が物体に触れたときと同様に、何かに触れた実感をありありと保つことができる体験であるにちがいない。

このことを、メンバーによるメンバー個人のスケープゴート自己との出会いと呼ぶとすれば、ファシリテーターやグループの他のメンバーは、メンバー個人のそのようなスケープゴート自己との出会いを言葉で共有することは困難である。ただ、同じグループの場にいるからこそ、そのメンバー個人が言葉にはしなくても、とても大切な体験をしていることはわかるし、そのことを共有することはできる。このようなメンバーと共有はするのであるが、メンバーに何を体験しているかを言葉で伝えることを求めるのではなく、メンバーが「スケープゴート自己」を受容するのを見守り共有するファシリテーターの在り方を、ファシリテーターによるメンバーの「内なる自己」との共存と呼んでおきたいと思う。

おそらくは、メンバーにとっては「スケープゴート自己」との出会いが、すなわち「スケープゴート自己」

との共存体験が出来た場合に、その後の人生に長く持続的に、グループ体験は影響を与えていくことになるのだろうと考えられる。

## ８　まとめ

本章では、グループ体験での自己進展の難しさをスケープゴート現象との関連で述べ、スケープゴート現象はグループプロセスにおける否定的体験としてではなく、むしろ自己実現に向けての自己進展プロセスとして、肯定的に捉えることが可能であることを論じた。

付記：本研究は、平成24年度科学研究費補助金挑戦的萌芽研究（課題番号24653197研究代表者　安部恒久）の助成を受けて行われたものであり、日本人間性心理学会第31回大会において発表された抄録を加筆・修正したものである。

## 文献

安部恒久（２００６）エンカウンターグループ――仲間関係のファシリテイション――　九州大学出版会
安部恒久（２０１０）グループアプローチ入門　誠信書房
安部恒久（２０１３）グループアプローチにおける見立てと介入をつなぐ工夫――スケープゴート構造とグループプロセス　乾吉佑編「心理療法における見立てと介入をつなぐ工夫」第10章　金剛出版
安部恒久（２０１５）グループアプローチにおける2つの無条件の積極的関心　飯長喜一郎（監修）坂中正義・本山智徳・三國牧子編「受容：無条件の積極的関心」65－73　創元社
福井康之（１９７９）集中的グループ経験により著しい成長を示す個人の事例の要因の考察　――自己実現へ向かう

成長への価値選択の決断――　臨床心理ケース研究２　誠信書房
Frazer JG（1963）*The Golden Bough* Collier books Macmillan Publishing Company
平山栄治（１９９８）エンカウンター・グループと個人の心理的成長過程　風間書房
岩村　聡（１９８５）エンカウンター・グループ発言カテゴリーを応用した学生グループ事例――経験者や顔見知りの多いグループ――　広島大学総合科学部学生相談室活動報告書　９　５－26
金子周平（２００６）スケープ・ゴート現象に対するファシリテーションの検討――看護学生を対象にしたエンカウンター・グループの事例から――　人間性心理学研究　24（２）　１－11
Lieberman MA, Yalom ID, Miles MB（1973）*Encounter groups: First Facts* New York: Basic Books
村山正治（２００５）ロジャースをめぐって――臨床を生きる発想と方法　金剛出版
野島一彦（１９７５）エンカウンター・グループのＹさんへの影響　九州大学教育学部心理教育相談室紀要　１　97-114
野島一彦（１９７８）グループ・アプローチ　水島・岡堂・田畑編「カウンセリングを学ぶ」（第８章）　有斐閣　123-134
野島一彦（２０００）エンカウンター・グループのファシリテーション　ナカニシヤ出版
坂中正義（２０１２）ベーシック・エンカウンター・グループにおけるロジャーズの中核３条件の検討　風間書房
Scheidlinger S（1982）On scapegoating in group psychotherapy *International Journal of Group Psychotherapy* 32 131-142
高橋紀子（２００３）いじめの構造がみられた看護学生の研修型ベーシック・エンカウンター・グループ　九州大学心理臨床研究　22　125-132
高松　里（２００４）セルフヘルプ・グループとサポート・グループ実施ガイド　金剛出版
Toker, E.（1972）The Scapegoat as an essential group phenomenon *International Journal of Group Psychotherapy* 22 (3) 320-331

Verhest P（1995）（池見　陽訳）パール・フェルヘスト：エンカウンター・グループにおける3次元の共感的応答　人間性心理学研究　13（2）　286-293

Walrond-Skinner S（1986）*Dictionary of Psychotherapy*　Routledge & Kegan Paul　London and New York.　森岡正芳・藤見幸雄ほか訳（１９９９）心理療法事典　青土社

Yalom ID（1995）*The Theory and Practice of Group Psychotherapy* (4th ed.)　New York: Basic Books

# 第5章 スケープゴートフェイズのファシリテーション

## 1　はじめに

第3章においては、スケープゴートプロセスは、単なるグループプロセスにともなう現象ではなく、グループ構造と関連しており、ファシリテーターはスケープゴート構造に着目し、グループプロセスに働きかける必要があることを指摘した。

また、第4章においては、これまでのスケープゴート研究を概観し、グループプロセスおよび個人プロセスにおける自己進展の難しさを指摘するとともに、スケープゴートプロセスを自己実現へと向かう自己進展プロセスへと促進することが可能であることを示した。

この第5章では、スケープゴートプロセスを自己進展プロセスへと促進するために、新しいグループプロセス論として、円環的フェイズ論を提示し、この円環的フェイズ論を手がかりとして、ファシリテーターのスケープゴートプロセスに対する働きかけを検討する。

## 2　円環的フェイズ論の提示

### （1）円環的フェイズ

図3は、これまでの加入・共存プロセス論（安部　1999　2006　2010）を、グループアプローチにおけるメンバー個人の自己成長を考えるにあたって、グループプロセスの発展を新しく円環的フェイズとして提示したものである。

これまでのグループプロセス論（Beck 1981；Rogers 1987；野島　2000；村山　2005；安部　2006；Mikuni 2011）は、どちらかといえば、直線的であった。しかしながら、ここで提示するグループプロセスは、文字通り、円環（サークル）としてグループプロセスを捉えようとする試みである。

図3のなかで、黒丸はファシリテーターを、白丸はメンバーを表しており、グループ全体としての人間関係（仲間関係）が形成されている場合は実線で、そうでない場合は破線で表現されている。また、メンバー個人の場合も、自己が安定した状況の場合は実線で、そうではなく不安定な場合には破線で表現している。

すなわち、フィイズⅠからフェイズⅣまで、ファシリテーターの働きかけの主目標は、次項の〈2．円環的フェイズ〉で述べるように、集団→個人→集団→個人と円環し、ひと回りすることになる。ひと回りすることによって、破線から実線で示すように、グループ全体の仲間関係は、〈ストレンジャー〉から〈サポート〉まで、ひととおり進展する。また同様に、破線から実線で示すように、メンバー個人にとってはひと回りすることによって、〈自己開示〉から〈自己受容〉まで、円環的に自己は進展することになる。

したがって、グループ体験を促進することは、グループ全体及びメンバー個人がこの集団→個人→集団→個人という円環的フェイズを繰り返しながら、破線を実線へと描くプロセスに他ならない。いわば、小さな

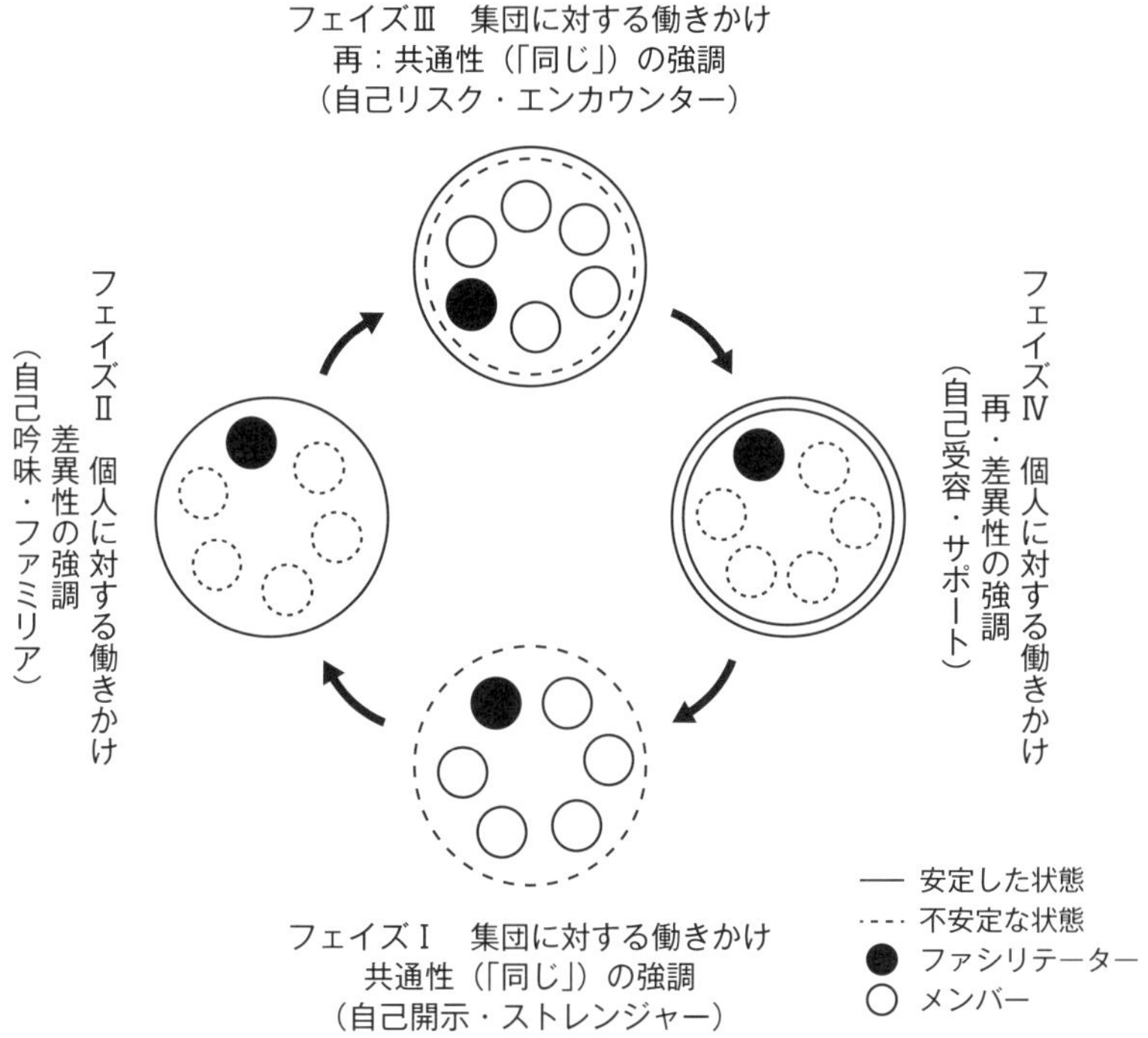


図3　円環的フェイズ

苗木が年輪を残しながら、大きな樹木として生長するように、グループメンバーもまた円環的フェイズを自己の体験として重ねることによって自己として成長するといえるであろう。図3の円環的フェイズは、そのような進展のイメージを円環図として表現したものである。

## (2) 円環的フェイズと自己の進展

円環的フェイズは、フェイズⅠからフェイズⅣまでの四つの循環する局面から成り立っており、フェイズの主な指標は、以下の四点である。

(i) ファシリテーターの介入目標：個人に焦点を当てているのか、あるいは集団に焦点を当てているのか。

(ii) ファシリテーターの着目点：メンバーの「共通性（同じ）」に着目しているか、あるいは「差異性（違い）」

に着目しているのか。

(ⅲ) 自己の進展状況：自己開示、自己吟味、自己リスク、自己受容のいずれの進展状況に自己はあるのか。

(ⅳ) 仲間関係の進展状況：ストレンジャー、ファミリア、エンカウンター、サポートのいずれの進展状況に仲間関係はあるのか、である。


以下では、それぞれのフェイズについて、簡単に説明を行う。

①フェイズⅠは、ファシリテーターの働きかけの主目標は集団であり、リーダーはグループ全体に働きかけ、メンバー間の共通性（同じ）を見いだそうと試みる。そのためにリーダーはメンバー個人の自発性を尊重しながら、メンバー個人が自己を開示しやすいように集団の雰囲気を形成し、メンバー個人が知らない人（ストレンジャー）と知り合いになることを促進しようと試みる局面である。

②フェイズⅡは、ファシリテーターの働きかけの主目標は個人であり、フェイズⅠで形成された集団の関係を基盤として、個人間の差異に着目し、メンバー個人が自己を吟味することによって、自己及びグループメンバーの新たな面を発見し、ファミリアな関係を構築することを促進しようとする。

③フェイズⅢは、再び、ファシリテーターの主目標は集団全体に対して働きかけを行うことであり、グループアプローチの場合に、最も緊迫したフェイズである。メンバーは自己リスクを負いながら「今の状況に満足しているかどうか」を自己及びグループ全体に問いかける。お互いの対立を乗り越えた関係（エンカウンター）を形成するためにファシリテーターはメンバーらの「間（あいだ）」に入るなど、再び共通性（同じ）を基盤とした働きかけを行う。

④フェイズⅣは、再び、ファシリテーターは差異性に着目してメンバー個人に焦点を当て、メンバーがグ

ループに依存するのではなく、グループから自立し、それまで受け入れることが難しかった自分の内（なか）のスケープゴート自己（安部　２０１３ｂ）を受容することができるように働きかける。ファシリテーターは、そのための支え、支えられる関係（サポート）をグループ体験の場に醸成しようと試みる。

以上の説明を表にしたものが、表２である。

## ３　循環するスケープゴートフェイズ

### ⑴　スケープゴートフェイズ

図３の円環的フェイズに、四つのスケープゴートフェイズ（scapegoat phase）を加えたものが、図４および表３である。

スケープゴートフェイズⅠ（scapegoat phase Ⅰ）、スケープゴートフェイズⅡ（scapegoat phase Ⅱ）、スケープゴートフェイズⅢ（scapegoat phase Ⅲ）、スケープゴートフェイズⅣ（scapegoat phase Ⅳ）の四つのスケープゴートフェイズが、SGPⅠ、SGPⅡ、SGPⅢ、SGPⅣのように略記されて、循環する四つのフェイズの間に加えられている。表３では＊印で示している。

表２　円環的フェイズ（循環する４つのフェイズ）

| | | |
|---|---|---|
| フェイズⅠ | 集団への働きかけ（つなぐ）<br>知らない人と仲間になる関係<br>（ストレンジャー） | 共通性（同じ）<br>仲間に自分を出す体験<br>自己開示 |
| フェイズⅡ | 個人への働きかけ（切る）<br>仲間の新たな面を発見する関係<br>（ファミリア） | 差異性（違い）<br>仲間にふれる体験<br>自己吟味 |
| フェイズⅢ | 集団への働きかけ（つなぐ）<br>対立を超えて仲間になる関係<br>（エンカウンター） | 再：共通性（同じ）<br>仲間に問いかける体験<br>自己リスク |
| フェイズⅣ | 個人への働きかけ（切る）<br>仲間に支え、支えられる関係<br>（サポート） | 再：差異性（違い）<br>仲間に支えられる体験<br>自己受容 |

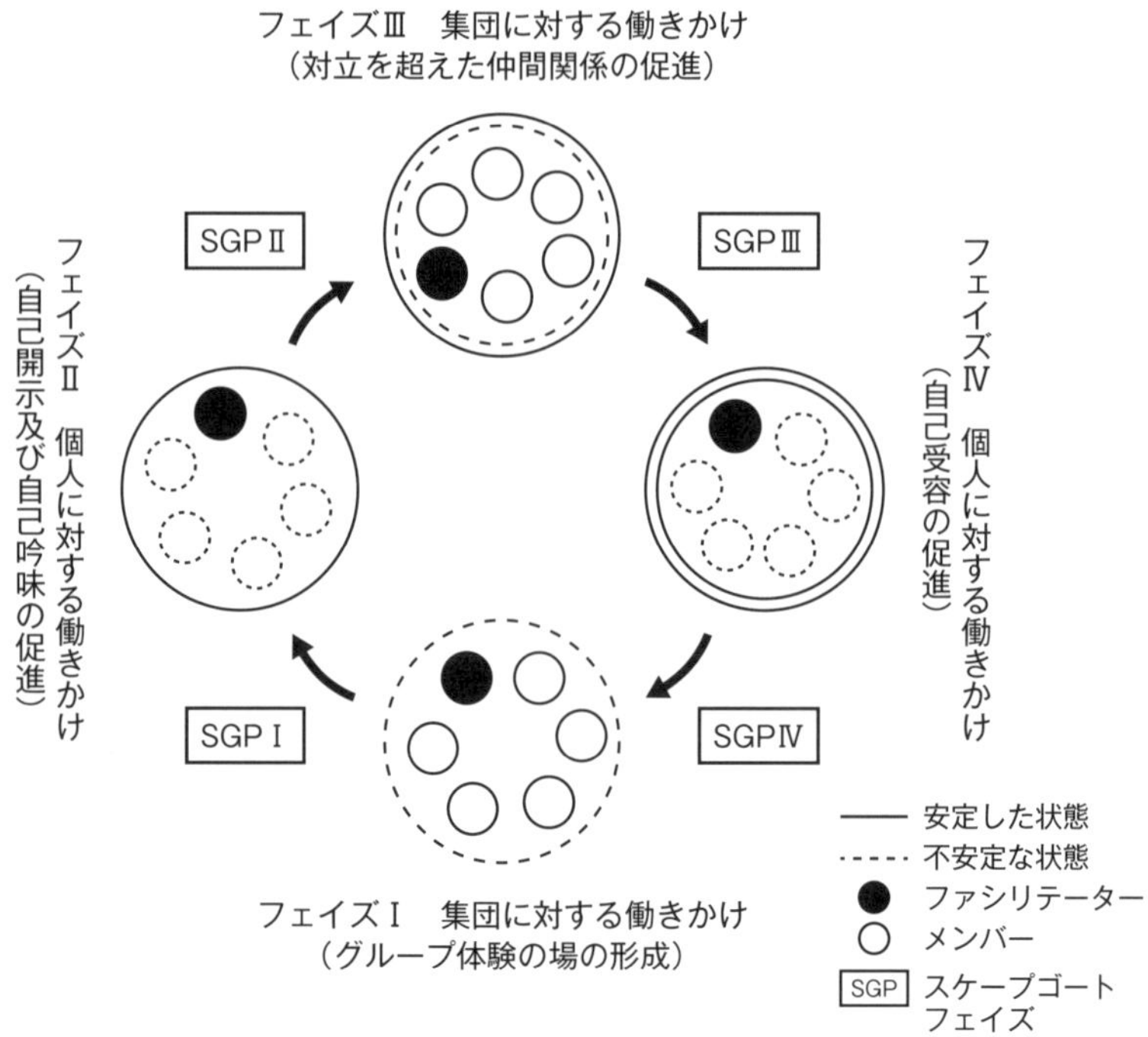


図4　円環的スケープゴートフェイズ

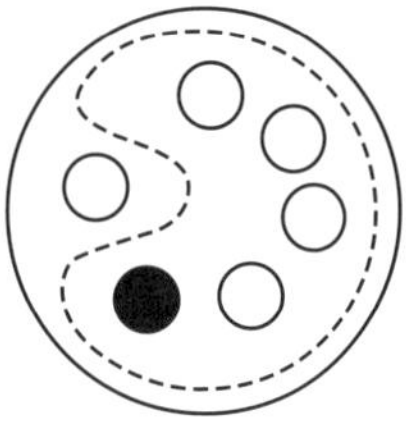

図5　スケープゴート
フェイズ
(Scapegoat
Phase: SGP)

また、スケープゴートフェイズそのものを図として示したのが図5であり、丸印はグループのメンバーを表しており、外側の円は物理的な場を、また内側の円は心理的な場を表現している。

グループメンバー（ファシリテーターを含む）が物理的には同じ場にいるにも拘らず、ひとりのメンバーが心理的にはグループ全体に仲間として加わることができていない（外れている、あるいは外されている）状況を図で表したものである。

表3　円環的フェイズ論（スケープゴートフェイズを加えたもの）

| | | |
|---|---|---|
| フェイズⅠ | 集団への働きかけ（つなぐ）<br>知らない人と仲間になる関係<br>（ストレンジャー） | 共通性（同じ）<br>仲間に自分を出す体験<br>自己開示 |
| ＊スケープゴートフェイズⅠ（SGP-Ⅰ） | | 共通性発見の困難<br>自己開示の失敗 |
| フェイズⅡ | 個人への働きかけ（切る）<br>仲間の新たな面を発見する関係<br>（ファミリア） | 差異性（違い）<br>仲間にふれる体験<br>自己吟味 |
| ＊スケープゴートフェイズⅡ（SGP-Ⅱ） | | 差異性発見の困難<br>自己吟味の失敗 |
| フェイズⅢ | 集団への働きかけ（つなぐ）<br>対立を超えて仲間になる関係<br>（エンカウンター） | 再：共通性（同じ）<br>仲間に問いかける体験<br>自己リスク |
| ＊スケープゴートフェイズⅢ（SGP-Ⅲ） | | 再：共通性発見の困難<br>自己リスクの失敗 |
| フェイズⅣ | 個人への働きかけ（切る）<br>仲間に支え、支えられる関係<br>（サポート） | 再：差異性（違い）<br>仲間に支えられる体験<br>自己受容 |
| ＊スケープゴートフェイズⅣ（SGP-Ⅳ） | | 再：差異性発見の困難<br>自己受容の失敗 |

## （2）移行局面（transitional phase）としてのスケープゴートフェイズ

図4からもわかるように、スケープゴートフェイズとは、ひとつのフェイズから次のフェイズへの移行局面（transitional phase）であり、スケープゴートが発生しやすいグループ状況のことであるといえる。

以下では、スケープゴートフェイズⅠ、Ⅱ、Ⅲ、Ⅳについて、簡単に説明してみよう。

### ① スケープゴートフェイズⅠ

ファシリテーターの働きかけの主目標が集団から個人へ移行するフェイズであるが、この集団から個人への移行がスムースに進まない状況である。「共通項発見の困難」及び「自己開示の失敗」というキーワードによって表現されるように、グループ全体は共通項を発見することができずに、メンバーが自己開示を行うためのグループ体験の場を形成することに困難をきたす状況である。

### ② スケープゴートフェイズⅡ

ファシリテーターの働きかけの主目標が個人から集団への移行が困難な状況であり、「差異性発見の困難」「自己吟味の失敗」といったキーワードで表現される。メンバーは自己開示を試みるのであるが、自己開示としての自己吟味がグループ全体で受け止めることが困難な場合であり、メンバーの自己開示がグループの分裂等を生み出す危機的局面のことである。

### ③ スケープゴートフェイズⅢ

再び、集団への働きかけから個人への働きかけへの移行が困難なフェイズであり、グループ全体は「擬仲間関係」や「みんな意識」（安部　1984）といった関係を維持し安定しようとする局面である。スケープゴートフェイズⅠはグループを形成できない危機であるが、スケープゴートフェイズⅢは形成した「擬仲間関係」や「みんな意識」を超えて仲間になることができるかどうかが問われる局面である。

### ④　スケープゴートフェイズⅣ

再び、個人への働きかけから集団への働きかけへ焦点が移行する局面であるが、メンバー個人は自己の進展のために自己リスクを負うことを避けようとする局面である。メンバー個人は、内面の自己（inner self）であるスケープゴート自己に対して、自己の内の違い（差異性）を発見するものの受け入れる困難さを体験するフェイズである。

# 4　円環的フェイズと自己進展プロセス

## (1)　スケープゴートフェイズと自己進展プロセス

以下では、フェイズⅠ、Ⅱ、Ⅲ、Ⅳと自己進展プロセスの関連を考えてみよう。

フェイズⅠ及びⅢは、自己進展のグループプロセス（水平方向）と結びついており、グループ全体がメンバー個人を受容できるかどうかという、すなわち、〈私は〉グループに居ることができるか、それとも〈私は〉外れるかという「主体的自己（subjective self）」と関連している。

これに対して、フェイズⅡ及びⅣは、メンバー個人が自己を探求すること、すなわち個人プロセス（垂直方向）と結びついており、〈私（自分）を〉出すか、あるいは〈私（自分）を〉隠すかといった「客体的自己（objective self）」と関連している。

すなわち、スケープゴートフェイズⅠ、Ⅲは、グループ全体が見知らぬストレンジャーなメンバーや対立しているメンバーを受け入れることができなくて、メンバー個人である〈私は〉「弧立」を味わわざるをえない状況であるといえよう。

また、スケープゴートフェイズⅡ、Ⅳは、メンバー個人が「自己吟味」や「自己受容」といった自己進展のための行動を試みる場合に、「孤独」な〈私を〉体験せざるをえない状況であるということができる。

## （2）「ひとり（孤独・孤立）」のプロセス　スケープゴートフェイズの特徴

スケープゴートフェイズとは、メンバーがグループのなかで「ひとり（孤立・孤独）」を体験するプロセスとして捉えることができる。

とくに、着目しなければならないのは、スケープゴートフェイズは、メンバー個人である〈私は〉望んではいないのに、「弧立」あるいは「孤独」な〈私を〉強いられるということである。

スケープゴートフェイズⅠ、Ⅲであれ、あるいはスケープゴートフェイズⅡ、Ⅳであれ、メンバー個人が自己の体験として「弧立」あるいは「孤独」を選択しているということであれば、メンバー個人は次のフェイズに進むことが可能であろう。

しかしながら、メンバー個人にとって「ひとり（孤立・孤独）」を「主体的自己」あるいは「客体的自己」として体験することなく、「私（主体的自己）」は望んでいないにも拘らず「ひとりの私（客体的自己）」を体験せざるをえない状況におかれているのがグループ体験におけるスケープゴートフェイズの特徴であるといえる。

## （3）なぜファシリテーターは気づくのが難しいのか

メンバーである「私（主体的自己）」は望んでいないにも拘らず「孤立した、孤独な私（客体的自己）」を体験せざるをえない状況は、なぜファシリテーターがスケープゴートフェイズにおいてメンバーの「弧立」及び「孤独」に気づくのが難しいのか、という問題と関連している。

気づくのが難しい理由として、スケープゴートフェイズⅠ、Ⅲでは、グループで自分が弧立しているはずはないと、自己は弧立していることを認めたくない心理がメンバー個人に「擬仲間関係（安部　２００６）」として働くからである。メンバー個人としては、よほどのことがないかぎり、自分は弧立している、孤独であると自ら発言することはない（できない）ということであり、そのことがファシリテーターに気づくのを困難にしていると考えられる。

また、スケープゴートフェイズⅡ、Ⅳでは、メンバー個人が自己の内に在るスケープゴート自己（安部　２０１３ｂ）を認めるかどうかということと関連して、スケープゴートの存在を認めたくないという心理が自己に働くからかもしれない。すなわち、グループでスケープゴートをつくるプロセスは、メンバー間（グループ全体）で「みんな意識（安部　２００６）」を形成して暗々裏に共有されることになると思われる。

「気づく」ということに関していえば、ファシリテーターよりも、メンバーのほうが気づきやすいのかもしれない。当たり前のことであるが、なぜなら、メンバーは、メンバーの立場でグループに参加し、グループのなかで起きていることを体験しているからである。ファシリテーターのように、メンバー体験を理解するために、あえてメンバーの立場になろうと試みたりはしないからである。

以下では、リーダーは、このようなメンバーの弧立・孤独な状況であるスケープゴートフェイズにおいて、どのような働きかけ（ファシリテーション）が可能であるかを検討してみよう。

## 5　安全で安心な場の共有

### （1）「あなたはひとりではない」

まずは、孤立（孤独）したメンバーに対して、ファシリテーターから「あなたはひとりではない」、「私はあなたのそばに居ます」とメンバー個人に寄り添う働きかけが必要である。

ファシリテーターはどのくらい近くに居るとよいのかをメンバーに問いかけながら、働きかけることになる。グループ体験の場合には、物理的に遠く離れたメンバーに実際に近づき、メンバーのそばに座るといったアクションを起こすことも可能である。物理的に遠く離れた位置から言葉をかけるよりも、それこそメンバーの身近にいっしょに居るほうが、「あなたはひとりではない」というメッセージを伝えることになるからである。

メンバーとファシリテーターが「あなたと居ることが私の力になる」体験を、ふたりで共有できるかどうかが、「ひとり」から「ふたり」の関係へと促進できるかどうかの鍵体験になると考えられる。

### （2）「あなたはひとりで居たいですか」

実際のグループ体験では、「ひとり」から「ふたり」の関係へとリーダーが促進する以外に、あえて「ふたり」という関係を形成しようとするのではなく、「ひとり」を尊重して、どちらかといえばリーダーが働きかけない選択肢もあると思われる。

すなわち「あなたはひとりで居たいですか。もし、そうであれば、どうぞ、そうしていてかまいません」と、メンバーが「ひとり」になることを認める働きかけをリーダーが行う場合である。

グループセッションの内（なか）で無理に関係を結ばずに、グループの内（なか）に「ひとり」で居る自由を尊重するわけである。このリーダーからの働きかけによって、メンバーは「ここはグループの場なのだから、ひとりにならずに関係をもちましょう」という圧迫感（罪悪感）から解放されて、グループにひとりで居ることができる。

また、同様に、セッションのなか（内）だけでなく、外でも「ひとり」になることを認める選択肢もあるかもしれない。

私の経験でも「自分の居室にもどってしばらくひとりになりたい」と申し出たメンバーがいた。他のメンバーがそのメンバーに近づき寄り添おうとするのであるが、そのメンバーにとって、自分に近づかれることは、心理的にも物理的にも苦痛のようであり、受け入れるのは難しそうであった。

このメンバーの場合には、グループの期間中に幾度となくセッションの途中で居室にもどり、セッションから出る行動がみられた。しばらくの間、セッションの部屋を離れて自分の居室で「ひとり」の時間を過ごすことで、その後のグループには参加することができた。

## （３）安全な場に居ることができること

ファシリテーターがメンバーに働きかけて関係を形成するのでなく「ひとり」になることを尊重する働きかけは、メンバーにとって、スケープゴートフェイズでは大切である。

というのも、この働きかけは、メンバーがスケープゴートフェイズに巻き込まれ心理的混乱を引き起こすことから救う（避ける）というグループの安全感と強く結びついているからである。

すなわち、他者と関係をつくる場合に、心理的エネルギーが充ちていれば良いのであるが、メンバーの主体的および客体的自己が希薄となり混乱しがちなスケープゴートフェイズの場合には、ファシリテーターはメンバーの個人プロセスである自己進展過程をあえて促進しない、という選択肢を持つことも大切である。

スケープゴートフェイズにおいて重要なことは、関係の形成以前に、安全で安心な場を共有することである。メンバーとファシリテーターが、同じ安全で安心な場に居るということが、まずは大切なのであり、関係の形成は二の次といってもいい。グループ体験の場で、ファシリテーターが、関係の形成をメンバーに強要してしまうと、メンバーはグループセッションの場に参加しなくなるだろう。

あくまでも、グループプロセスはファシリテーターが無理に進めるものではなく、メンバーと場を共有することで、メンバーとともに進展していくものである。

## 6 「2者関係」から「3者関係」への働きかけ

### (1)「私だけでなく、Aさんもあなたに関心を持っています」

次に、「ひとり」から「ふたり」に加えて、「ふたり（2人）」から「さんにん（3人）」の関係への促進がファシリテーターの課題となる。

ファシリテーターは「私はあなたに関心を持っています」というだけでなく「私だけでなく、Aさんもあなたに関心を持っています」「あなたはグループのAさんのことを心配しているのですね」と、グループのなかの「私」でも「あなた」でもない第3者（Aさん）に言及した働きかけを行う。

このファシリテーターの3者関係を創り出そうとする試みによって「私はAさんからも関心をもたれており、わたしには仲間が居る」という仲間感をメンバーはグループのなかで得ることができる。

以上のようにみてくると、スケープゴートフェイズとは、本来、グループのなかで起こりうるはずの「ひとり」から「ふたり」、そして「さんにん（３人）」への仲間化のプロセスが困難となり、逆に、３者関係から2者関係へ、そしてひとりへと逆行したフェイズであることがわかる。

したがって、ファシリテーターのスケープゴートフェイズでのファシリテーションの課題は、この逆行のプロセス（弧立・孤独化のプロセス）に働きかけて、順行のプロセス（仲間化のプロセス）へと転換させることであるということができるであろう。

### （2）グループアプローチにおける2者関係及び3者関係の促進

グループ体験のなかで2者関係及び3者関係を取り扱うときに、ファシリテーターは2者関係及び3者関係だけを取りあげるわけでない。

2者関係および3者関係とともに、その2者関係および3者関係を取り巻いている残りのグループメンバーにも働きかけを行う。すなわち、メンバー個人とグループ全体の両方に働きかけを行うところが個人アプローチとの違いであり、グループアプローチの特徴でもある（安部　２００６）。

以上のことを「触発体験」というメンバー体験から考えてみると理解しやすい。

グループ体験ではファシリテーターから働きかけを受けているメンバーだけでなく、働きかけを受けているメンバーを見ている他のメンバーも、見ているだけで体験を触発される。すなわちグループのなかで生起しているファシリテーターとメンバーのやりとりを自己の体験として受け止めることによって触発され、影響を受けるわけである。

セッションのなかで何も発言がなかったメンバーも、セッション後の感想文などを読んでみると、ファシリテーターと他のメンバーとのやりとりから影響を受けていることを読み取ることができる。したがって、ファシリテーターは自分がやりとりしているメンバーだけでなく、やりとりをしていないメンバーに対しても、メンバーとのやりとりが、他のメンバーにどのように受け止められているかについて関心を向けることになる。

この場合、他のメンバーが、ファシリテーターとメンバーとのやりとりを注視しているかどうかが大切な要点となる。ファシリテーターとメンバーとのその場のやりとりに、他のメンバーが関与している場合には、ファシリテーターは意識して他のメンバーに関心を向けなくても、グループの場の中で他のメンバーからの強い注視を身体全体で感じ取ることが出来るからである。

## 7　終わりに

本章では、スケープゴートプロセスを自己実現へと向かう自己進展プロセスへと促進するために、これまでの直線的なグループプロセス論から、円環によるフェイズ論を新しく提示し、ファシリテーターであるリーダーの働きかけについて論じた。

その結果、スケープゴートフェイズにおける〈3者関係〉の促進が、リーダーであるファシリテーターの課題であることが明確になった。

### 文献

安部恒久（1999）ベーシック・エンカウンター・グループ　現代のエスプリ第385号　野島一彦編「グルー

プ・アプローチ」41－50　至文堂
安部恒久（２００６）エンカウンターグループ――仲間関係のファシリテーション――　九州大学出版会
安部恒久（２０１０）グループアプローチ入門　誠信書房
安部恒久（２０１３ａ）グループアプローチにおける見立てと介入をつなぐ工夫　スケープゴート構造とグループプロセス　乾吉佑編「心理療法における見立てと介入をつなぐ工夫」第10章　金剛出版
安部恒久（２０１３ｂ）集団心理療法のための包括的訓練システムの開発――スケープゴートから自己実現過程へ――　鹿児島大学心理臨床相談室紀要　９　13－21
Beck, A. P.（1981）Developmental characteristics of the system-formation process In Durkin, J. E. (Eds.) *Living Groups: Group Psychotherapy and General System Theory* New York: Brunner/Mazel
Mikuni, M.（2011）My soul needs to be washed; An exploration of the basic encounter group in Japan A thesis submitted for the degree of Doctor of Philosophy in the school of education and life long learning University of East Anglia
村山正治（２００５）ロジャースをめぐって――臨床を生きる発想と方法　金剛出版
野島一彦（２０００）エンカウンター・グループのファシリテーション　ナカニシヤ出版
Rogers, C. R.（1987）The underling theory: Drawn from experience with individuals and groups *Counseling and Values* 32 (1) 38-45
Scheidlinger, S.（1982）On scapegoating in group psychotherapy *International Journal of Group Psychotherapy* 32 (2) 131-142
Toker, E.（1972）The Scapegoat as an essential group phenomenon *International Journal of Group Psychotherapy* 22 (3) 320-33

# 第6章 ロジャーズの中核三条件とグループアプローチ

## 1　はじめに　ファシリテーターの独自性

グループアプローチにおけるファシリテーターには、通常の個人療法におけるセラピストと同様に、中核の三条件を保有し発揮することが求められるが、それだけでは十分ではない。中核の三条件に加えて、図1及び表1に示すようなグループアプローチに独自の態度（視点と技法）がグループアプローチのファシリテーターには求められる（安部　2006：2010）。

以下では、個人療法の中核三条件とグループアプローチに独自のファシリテーター行動がどのように関連するかを、図1及び表1を参考にしながら述べる。

## 2　グループ体験における無条件の肯定的配慮――共に居ること

グループアプローチでは、図1に示すように、ファシリテーター受容プロセスとメンバー受容プロセスの二つのプロセスを通して、メンバー個人はグループ全体に受容される。個人療法では、セラピストがクライエントを受容するプロセスが強調されるが、グループアプローチでは、グループ全体がメンバー個人を受容するプロセスとなるのが特徴である。このことは同時に、グループアプローチでは、メンバー個人がグループから受容されないで排斥されることも起きやすいことを示している。表1に示すように、グループの構造はスケープゴート構造としての特質を持っているからである。したがって、ファシリテーターの役割としては、メンバー個人がグループに受容され、グループから排斥されることのないようにグループを促進することが求められる。

すなわち、グループ体験における無条件の肯定的配慮は、メンバー個人がグループによって排斥されることなく、受容されるプロセスと関連をもつということができる。とくに、坂中（２００１）が指摘するように、グループプロセスの前半において無条件の肯定的配慮は他の共感的理解及び自己一致よりも大きな意味をもつことになる。

私にとって、グループ体験における無条件の肯定的配慮を考えるときに、最も印象的なのは、何といっても、アメリカ・カリフォルニア州で開催されたロジャーズ博士らのラホイヤプログラムでの参加体験である（安部　２０１０）。

ラホイヤプログラムは、17日間の集中合宿方式によるエンカウンターグループであったが、私がラホイヤプログラムに参加して最も困ったことは「言葉」の問題であった。

グループ体験でのやりとりは、すべてが英語で行われ、私は英語で自分の思いを十分に表現し、他のメンバーに伝えることは困難であった。

しかしながら、ラホイヤプログラムでは、グループメンバーは、言葉が通じないからといって、私を無視したり、グループから出て行けとは誰も言わなかった。グループメンバーは、私が何を伝えたいのかを理解しようと、しつこいぐらいに私に関心を示した。私もメンバーの熱意に応えて、パントマイムや辞書を片手に、なんとか私をわかってほしいと奮闘した。

このようなラホイヤプログラムでの体験は、一口で言うと、わからない（理解できない）からといってグループから〝出て行けといわれない〟体験であった。言葉（英語）が理解できない（わからない）からといって、「除け者（のけもの）」にはしないという態度を、ラホイヤプログラムのなかで私は一貫して味わうことができた。英語を話すことはできなくても、私が伝えようとすることには、私なりの理由があるはずだと、メンバーは私に強い関心を示した。まさに、「無条件に」グループに受け入れられる体験だった。

したがって、現在の私のグループアプローチにおける無条件の肯定的関心とは、グループがメンバー個人を受容するプロセスにおいて、わからない（理解できない）からという理由によって、グループから「出て行け」とメンバーを排斥するのではなく、難しいとはわかってはいるものの、共存を目指して、なんとかグループに「いっしょに居る」工夫を試みることと、と結論づけることができるように思われる。

（図1及び表1を参照のこと）

## 3　グループ体験における共感的理解――味方になること

グループアプローチにおいて、共感的理解が最も試されるのは、先に述べたように、メンバー個人がグループから理解してもらうこと（受容）が困難を極め、わからない（理解できない）から出ていけと特定のメンバーを攻撃し、メンバーをグループから除け者にすること（スケープゴート）が起こるような場面であろう。グループ全体に支えあう力が働いていて、みんなでメンバー個人を支えあっているときには、共感的理解ということは、それほど問題にはならない。しかしながら、グループが図1のように発展するなかで、いつも支えあってばかりではなく、支えあうことが難しい場面が起こりうる。

ファシリテーターは、表1にみるように、受容プロセスにおいてはメンバーの自己開示を受け止め、グループのなかに共通項を発見し、他のメンバーにつなぐことによってグループの仲間関係（加入プロセス）の促進を試みる。この共通項を発見してメンバー同士をつなぐことは、共通のことであるからして、グループにとってはそれほど難しいプロセスではない。

しかしながら、この共通項を受け入れるプロセスに続いての、共通項では括りきれない「異質さ」を受け入れる共存プロセスが、グループにとっては大きな課題となり、グループは「異質さ」を受け入れるのか、排除するのかを試されることになる。通常、共通項はメンバー同士を近づけ、異質さはメンバー同士を引き離す性質をもっているが、はたして、グループは、異質さを認めあう（受け入れる）ことによって、メンバー同士は「共存」することができるのか。

このことは個人療法においても根本的な問題であり、ロジャーズが取り組んだ、いわゆる「非指示的療法」「来談者中心療法」、そして「パーソンセンタードセラピー」という一連のアプローチは、この異質さを認めあう（受け入れる）ためのロジャーズの変遷として、捉えることが出来るのではないかと私は考えている。

すなわち、クライエントとの治療関係において、セラピストとクライエントの間に生じた異質さをセラピストはどのように受容することができるかという課題である。

ロジャーズの場合には、それまでセラピスト中心であった治療的枠組みをクライエント中心に転換させることによって、この異質さを克服しようと試みたといえるであろう。確かに、クライエントの側に立ち「あたかもクライエントが見るかのように」見るかぎりにおいては、異質さは生じないことになる。

しかしながら、グループアプローチの場合には、セラピストとクライエントという2者関係を含みこんだグループ状況であるだけに、ファシリテーターがメンバーに「私も、あたかもあなたが見るように、私も見えます」という態度を示すだけでは十分ではない。とくに、メンバーがスケープゴートに遭っているなどの危機的状況では、ファシリテーターは、グループへのさらなる働きかけが求められる。

ファシリテーターが、2者関係ではなくグループ状況において求められる働きかけとはどのようなものだろうか。それは、簡単にいえば、私はあなたの「味方」になりますという態度を、ファシリテーターはメンバーに示すことができるかどうかだと思われる。

場合によっては、態度だけでなく、メンバーのそばに行くなどして、グループからの攻撃の盾となる行動で、味方であることをメンバーに示さざる得ない場面が出現するのがグループアプローチの特徴といってよいかもしれない。

実際には、メンバーの味方になるのは、必ずしもファシリテーターであるとは限らない。ファシリテーターが味方になるにこしたことはないが、メンバーのほうが、より適切にメンバーに寄り添える場合だってありえるからである。しかしながら、それでもなお、ファシリテーターにはファシリテーターとして、メンバーの味方になる、いわばファシリテーターシップが求められる。

ところで、ファシリテーターがファシリテーターシップを発揮するにあたって、留意しなければならないのは、表1にも示すように、ファシリテーターの「主体性の発揮」と「差異性の尊重」である。異質さを受け入れようとするのであるから「差異性を尊重」するのは当然のこととして、もうひとつの「主体性の発揮」について考えてみよう。

共感的にメンバー（クライエント）を理解する場合に、「あたかも、メンバー（クライエント）が見るかのように、ファシリテーター（セラピスト）も見る」ことは、それゆえに、ファシリテーター（セラピスト）の主体性を弱体化させることになりかねない。グループ状況の場合には、ファシリテーターは、グループプロセスに巻き込まれてしまい、どのように自分が関わっていいかわからなくなり「自己の不在感」を経験する状況に陥ることがある（安部　2006：2010）。

ロジャーズ（1980）は、共感的理解について、次のように述べている。

「たとえ他者の奇妙で見慣れない世界に入り込んでも混乱したりせず、望むなら自分の世界に気持ちよくもどることのできる安定した個人のみが行えることです」（波線：筆者）

この「望むなら自分の世界に気持ちよくもどることができる」個人のみができることだというロジャーズの指摘は、グループアプローチのファシリテーターにも求められる厳しい言葉であろう。ファシリテーターはグループ体験のなかで、グループプロセスへの「巻き込まれ」を、「うすうす気づいてはいるのだが言えない」状況であったり、「グループの流れに口を挟めない」不自由さであったりを体験する。これらのグループ体験に対して、ファシリテーターは「自己の不在感」を解消するために、「私は」と強く異議申し立てることによって、自分の世界にもどり、ファシリテーターとしての主体性を発揮するのである。

したがって、ファシリテーターがメンバーの味方になるという働きかけも、単にアプローチの戦略（技法）として行われるということではなく、ファシリテーターの主体性発揮として行われるところにパーソンセンタードアプローチとしての特徴があると考えられる。

## ４　グループ体験における自己一致――つなぐこと

グループ体験においても、ファシリテーターは、個人療法と同様に、自分を飾ったり、いわゆる「マスク（仮面）」をかぶったりするようなことはしない。ファシリテーターは、現実の役割に縛られることなく、グループ体験では自分の気持ちと態度を一致させ自分らしく振舞う。そして、そのような自分を装う必要のない体験は、ファシリテーターにもメンバーにも、日常の現実の場面とは異なった喜びをグループ体験で得ることを可能にするであろう。

ところで、個人療法と異なって、グループアプローチの場合に、自己一致といわれるものが問題となるのは、次のような場合である。すなわち、メンバー個人が自分の気持ちと態度を一致させようとする試みが、メンバー個人の内（なか）では喜び（充足感）をもたらすかもしれないが、グループの他のメンバーにとっては、むしろ緊張感を生み出すことにもなりかねない場合である。以下では、メンバー個人の場合として述べるが、このことはファシリテーターの場合も同様である。

すなわち、メンバーはグループ体験のなかで、自分の内面の気持ちと態度を一致させようとしてグループで感じたことを言葉にし、思うことを他のメンバーに伝えようと試みる。メンバーは、そのことによってグループ体験のなかで、自分に正直であろうとする。しかしながら、そのことはグループ体験の場合には、メンバーがわかってほしいようには、必ずしも他のメンバーにはわかってもらえない（受け取られない）ことが起きる。

個人療法のセラピストとクライエントの関係であれば、セラピストはクライエントとのコミュニケーションにおいて、丁寧にクライエントの意図を確認しながら、クライエントを理解しようと試みる。しかしながら、グループ状況では、メンバーの発言はファシリテーターに対してだけではなく、他のメンバーに対しても伝わり、それぞれの受け止め方をされる。したがって、受けとめる側のメンバーは、伝えようとするメンバーがなぜそのような発言をするのかが理解できずに、グループのなかに緊張感を引き起こしてしまうことになる。場合によっては、メンバー個人の自分の気持ちと態度を一致させようとする試みは、理解できるメンバーと理解できないメンバーのふたつの態度にグループ全体を分裂させてしてしまうことも起こりうる。したがって、グループアプローチの場合には、ファシリテーターは、メンバー個人がグループ体験おいて自己一致しようとして生じるグループ内の緊張感に、どのように対処するのかという課題に直面することになる。

このような場合に、グループアプローチでは、自己一致しようとしているメンバー個人と理解できないメンバーの間にファシリテーターが入って、両者間を「つなぐ」働きかけを試みるところにグループアプローチとしての独自の特徴がみられる。

ファシリテーターは、これまで述べてきたように、自己一致しようとしているメンバー個人が無視されたり、出て行けと言われたりしてグループから弧立しないように、何とかいっしょに居ることを試み、メンバー個人に共感的理解を示して味方となるように行動する。

また一方で、理解できなくて緊張を強いられている他のメンバーが、一致しようとするメンバーに攻撃を加えたりしないように、ファシリテーターは理解できない側の心持ちに寄り添いながら、共感することになる。

すなわち、ファシリテーターは、自己一致しようとするメンバー個人の意図を汲み取りながら、また、緊張を強いられている側の他のグループメンバーの理解できない気持ちをメンバー個人に代わって受け止めて、両方の側を「つなぐ」ことを試みる。

ところで、この「つなぐ」場合にファシリテーターは、さきにも述べたように、その場で自分が体験している自分の気持ちと態度を一致させることによって「つなぐ」ところに特徴がある。

グループ体験においては、ファシリテーターは、単に自己一致しようとするだけではなく、自己一致をとおして、メンバーとメンバーの間を「つなぐ」ことを試み、新しいグループでの人間関係を創りだそうとするところに、グループアプローチにおけるファシリテーターの在り方（a way of being）の特徴があるといえるであろう。

## 5　まとめ

個人療法の中核三条件との関連で、グループアプローチのファシリテーターに求められる独自の態度（視点と技法）を簡単にまとめてみると、以下のようになる。

（1）グループアプローチにおける「無条件の肯定的関心」とは、メンバーをわからない（理解できない）からと「グループから排斥する」ことなく、なんとか、いっしょに居る工夫を試みることである。

（2）また、グループアプローチにおける「共感的理解」とは、理解してもらえない（とくにスケープゴートに遭っている）メンバーを、孤立させないように「味方になる」ことよって守ることである。

（3）さらに、グループアプローチにおける「自己一致」とは、理解されないメンバーと理解できないメンバーの間にファシリテーターが入り、「自己一致」体験を媒介としてメンバー間を「つなぐ」ことである。

**文献**


安部恒久（２００６）エンカウンターグループ――仲間関係のファシリテーション　九州大学出版会

安部恒久（２０１０）グループアプローチ入門　誠信書房

安部恒久（２０１５）グループアプローチにおける二つの無条件の積極的関心　飯長喜一郎（監修）坂中正義・本山智敬・三國牧子（編）受容：無条件の積極的関心　創元社

Rogers, C.R.（1980）*A Way of Being*. Houghton Mifflin, Boston. 共感――実存を外側から眺めない係わり方　畠瀬直子監訳（１９８４）人間尊重の心理学　第7章　創元社

坂中正義（２００１）ベーシック・エンカウンター・グループにおける C.R.Rogers の３条件の測定――関係認知の視点から――　心理臨床学研究　19（5）466-476

# おわりに

「終わりは終わりとして終わる」というのが、私のファシリテーターの8原則の最後となっており、新しいことは始めないというのが、ポイント（留意点）となっている。本書も、原則にならって、これまでの内容を簡潔にふりかえって、終わりとしたい。

第1章、第2章では、学校場面での様々な先生との出会いを述べてきたが、とくに小学校1年生の担任の先生が、私の答案用紙の名前に「大きな五重丸」をつけてくれたことが、その後の私の励みとなり、私に小さな肯定感を育ててくれた。また、小学校4年生のときの真鍋先生は「赤い髪のエピソード」にみられるように、多数派に与することなく、少数派の味方になる態度を機会あるごとに示し、グループアプローチの原点というべきものを教えてくれた。

これらの先生の私への対応は、私が本書で展開した自己進展を中心としたグループ論（第3章、第4章、第5章）に、当然のことながら影響を与えていると思われる。

私は「グループプロセス移行期」を、単なる「スケープゴート現象」ではなく「スケープゴート状況」として、自己進展につながるプロセス（契機）として捉えることが出来るのではないかという論旨を、本書では展開してきた。

このことは、イノベーション（技術革新）が急激に進行する変化の時代を生きる私たちの生き様と、どこかで、つながっているように感じている。

ＡＩやＳＮＳといったデジタルな環境に飲み込まれることなく、どのように自己の自発性や仲間との信頼感を保ちながら、自己を成長させていくことが出来るのか？ また、そのための居場所をどのように獲得することができるのか？

はたして、私たちは、この変化の時代を生きるための手立てを持ち得ているのだろうか？ 以下に、参考となる著作を紹介したい。

今後、仲間とのやりとりのなかで、自分の手応えを確かめながら、自己の内面に向き合う機会が増えていくだろう。〝出会い（エンカウンター）〟とは、そのような自己の確かな手応えを求めての、自己の内面との絶え間ない対話といっていいだろう。この自己との絶え間ない対話を進めていくうえで、坂中正義編著（２０１７）の『傾聴の心理学』は、新たな自己を見出す伴走者となり得るだろう。

また、おそらくは今後とも、自己の生き様を探る居場所として「サポートグループ」が求められると推測されるが、高松里（２０２１）の『セルフヘルプとサポートグループ実施ガイド（改訂増補）』は大いに参考になるであろう。「始め方、続けた方、終わり方」と副題がついており、著者の長い現場経験から得られた知恵がコンパクトにまとめられている。

さらに、村山正治（２０２２）は自らのこれまでの人生を『私のカウンセラー修行』として著し、「人生は自分自身になるプロセス・変化のプロセスである」として、自己の生き様を語っている。カウンセラーだけでなく、現代を生きるすべてのひとにとって、自己実現のヒントをこの著作から得ることが出来るにちがいない。

第6章では、ロジャーズの中核三条件とグループアプローチとの関連に言及したが、その後、ロジャーズの“presence”概念の検討が、第40回日本人間性心理学会で、中鉢・三國（2021）によって行われ、私も座長として参加した。はたして、ロジャーズ（1980）が晩年に提起した“presence”概念は、第4条件なのか、それとも中核三条件を包括するものなのか、今後の検討を要するであろう。

また、晩年のロジャーズ（1980）は、スピリチュアルに対して相当に寛容となり、ユングのアプローチとの境界が曖昧になり、パーソン・センタード・アプローチとは何なのかという議論を巻き起こした。これらの課題を検討し、発展させるうえで、村山正治・飯長喜一郎・野島一彦監修、坂中正義・三國牧子・本山智敬編著（2015）による『ロジャーズの中核三条件　一致・受容・共感的理解（全三冊）』は、必須の基本図書となるものと思われる。

## 文献


中鉢路子・三國牧子（2021）精神病理の重いクライエントと場を共にする体験とその難しさについて――Rogersの presence 概念を手掛かりに――　日本人間性心理学会第40回記念大会プログラム・発表論文集　38

村山正治（2022）私のカウンセラー修行　誠信書房

坂中正義編著　田村隆一・松本剛・岡村達也（2017）傾聴の心理学　創元社

高松里（2021）セルフヘルプ・グループとサポート・グループ実施ガイド　金剛出版

# あとがき

小さな本ではありますが、いつもながら多くの方にお世話になりました。
執筆の機会をいただいた村山正治、野島一彦、藤原勝紀、乾吉佑、宮田敬一、山中寛、奇恵英、坂中正義（執筆順）の諸先生に、深くお礼を申し上げます。

また、おひとりおひとりの名前はお出ししませんが、陰に陽に私を励まし、私の日常生活を応援いただいた仲間の皆様に感謝申し上げます。

皆様との交流が、私を支え、本書を書き進めるモチベーションとなりました。ここに記すことはしませんが、私の心の内に、実際の書物とは別の〝物語〟が出来上がりました。それらは私の宝物として大切に記憶させていただきたいと思います。

＊　＊

コロナ禍に振り回され、イレギュラーなことの多いこの3年間でしたが、幸いに、私にとっては、この期間、今後、どのように生きていくとよいのかを考える機会となりました。

結果として、どの程度、実現できるものなのかは定かではありませんが、今後の私は、いわゆる大学院を修了した人々に「力をつける」機会を提供することに時間を費やしたいと思います。私が若き日に、アメリカを旅したときに見聞きした Postgraduate Center のイメージです。

大学院の博士課程3年生（大学院最終学年、１９７８年）のときに、アメリカの心理臨床現場の実際を見てみたいという思いが強くなり、３ヶ月ほどアメリカ各地の現場を訪問しました。

村山正治先生の紹介で、カリフォルニアで開催されたロジャーズ博士らのラホイヤプログラムに参加したり、また、前田重治先生に縁をいただいてカンザス州トピカのメニンガークリックを訪問したりしました。そのときに、ニューヨークの Postgraduate Center にも立ち寄り、ちょうど運良く、カリブ海での休暇から帰られたばかりの Dr. Lewis Wolberg 所長ご夫妻にお会いし、握手したときの手の感触が今でも残っています。若き日の私の無茶振りに応えていただいた前田重治先生、村山正治先生に、改めて感謝申し上げます。

ところで、それから40年余りが経ち、現在、心理の専門職として１９８８年に「臨床心理士」が、そして２０１７年に「公認心理師」が誕生しました。しかしながら、大学院を修了してしまうと、その後に「腕を磨く」機会を見つけることは、日本では、十分とは言えないのが現状のようです。とくに、自分と相性があい、自己の成長を実感できる場を見つけるとなると、なおさら難しいようです。

私は、これまで40年余りを大学教員として、最初の20年は学部教育（under graduate education）に、後半の20年は福岡大学、鹿児島大学、福岡女学院大学で大学院教育（graduate education）に携わってきました。鹿児島大学では、日本で初めての臨床心理専門職大学院（professional graduate school）の創設に教育研究教員として参画する貴重な機会を得ました。

今後は、コロナ禍で、たまたま取得したオンラインのスキル等を活用しながら、大学院修了後の教育（post

graduate education）に、私のエネルギーを費やしたいと思い、その試みを、今、始めているところです。

それでは、この小さな本が、安心した居場所を求め、自己との対話を生きようとする皆様の〝希望〟につながることを、切に願って終わりとさせていただきます。

なお、本書の出版にさいしては、花書院の中村直樹氏にお力添えをいただきました。大変、有難うございました。

２０２３年（令和５年）猛暑の夏

博多湾の海辺にて

安　部　恒　久

# 初出一覧

本書収録に際し、各章は、発表時の原稿に、大幅に加筆修正が行われた。とくに第6章は「ロジャーズの中核三条件とグループアプローチ」と題目が変更され、大幅に加筆修正されていることをお断りしておきます。


第1章　安部恒久　出会いと自己の成長　2020　福岡女学院大学大学院紀要　17　39－45

第2章　安部恒久　自己の居場所を求めて　2021　南山大学人間関係研究センター紀要第20号　59－66

第3章　安部恒久　2013　グループ構造とグループプロセス――金剛出版　乾吉佑編「心理療法の見立てと介入をつなぐ工夫」金剛出版　第10章

第4章　安部恒久　2013　スケープゴートから自己実現過程へ　鹿児島大学大学院心理臨床相談室紀要第9号　13－21

第5章　安部恒久　2014　スケープゴートフェイズのファシリテーション　鹿児島大学大学院心理臨床相談室紀要第10号　3－11

第6章　安部恒久　2015　グループアプローチにおける二つの無条件の積極的関心　飯長喜一郎（監修）坂中正義・三國牧子・本山智徳（編著）「ロジャーズの中核三条件　受容・無条件の積極的関心」創元社

**著者略歴**

**安部　恒久**（あべ・つねひさ）

福岡県生まれ　九州大学大学院教育学研究科博士課程修了

ハワイ大学客員研究員、福岡大学教授・臨床心理センター長、鹿児島大学臨床心理専門職大学院教授・研究科長、福岡女学院大学大学院教授を歴任。

現在　フリー・プロフェッサー　ポスト・グラデュエイト・センター（試行中）

福岡女学院大学大学院非常勤講師

鹿児島大学名誉教授　九州大学博士　臨床心理士

**主な著書**：『エンカウンターグループ　仲間関係のファシリテーション』（単著、九州大学出版会、2006）、『グループアプローチ入門』（単著、誠信書房、2010）、『心理療法の見立てと介入をつなぐ工夫』（共著、金剛出版、2013）、『ロジャーズの中核三条件』（共著、創元社、2015）ほか

グループアプローチ特論
──出会いと自己の成長

2023年12月26日　第1刷発行

●著　者　安部　恒久

●発行者　仲西佳文

●発行所　有限会社 花 書 院
〒810-0012 福岡市中央区白金2-9-2
電話（092）526-0287　FAX（092）524-4411
ISBN 978-4-86773-012-6 C3011

●振　替　01750－6－35885

●印刷・製本　城島印刷株式会社